AF250478

La responsabilité en crise

« Questions de société »
Collection dirigée par Olivier Mongin

La Communication contre l'information, Daniel Bougnoux
La Responsabilité en crise, Laurence Engel
Vers la troisième ville ?, Olivier Mongin
Généalogie de l'islamisme, Olivier Roy
Religions à la carte, Jean-Louis Schlegel

À paraître (titres provisoires) :

Le Travail, Guy Aznar
Le Cinéma a-t-il un avenir ?, Thierry Jousse
et Antoine de Baecque
La Violence, Yves Michaud
Masculin/Féminin, Véronique Nahoum-Grappe
L'Illettrisme en question, Jean-Claude Pompougnac
Les Métamorphoses du corps, Georges Vigarello

Olivier Mongin, né en 1951, est philosophe et essayiste ; observateur reconnu de la vie intellectuelle en France, il dirige la revue *Esprit* et co-anime la collection « La couleur des idées » aux Éditions du Seuil. Il a publié récemment *La Peur du vide* (Seuil, 1991), *Paul Ricœur* (Seuil, 1993), *Face au scepticisme* (La Découverte, 1994) et prépare plusieurs ouvrages sur le comique (*Buster Keaton, l'étoile filante*, Hachette, coll. « Coup double », 1995, et *L'Enfance du comique*, Seuil, à paraître en 1996).

La responsabilité en crise

Laurence ENGEL

HACHETTE

Mes remerciements vont tout particulièrement à Pierre Rosanvallon, à qui je dois d'avoir exploré la question de la responsabilité et sans le soutien de qui je n'aurais pas pu réaliser ce travail. Je remercie également Olivier Mongin, pour sa confiance et ses conseils.

Pour Hannah.

N.B. : les astérisques dans le texte renvoient à un glossaire en fin d'ouvrage.

© Hachette Livre
département Hachette-Référence, 1995.

INTRODUCTION

« Responsable, mais pas coupable. » Cette formule de Georgina Dufoix, alors ancien ministre des Affaires sociales, est encore dans toutes les mémoires. En se défendant de l'accusation de « non-assistance à personne en danger » qui la visait à l'époque, elle s'inscrivait dans une tradition juridique française privilégiant la notion de « responsabilité sans faute ». En l'invoquant, le ministre ne se rendait pas compte que les fondements historiques, philosophiques et judiciaires de la responsabilité étaient profondément remis en cause.

Que signifie donc cette fameuse « responsabilité sans faute » qui renvoie à l'idée qu'on peut être responsable d'un dommage sans en être coupable ? Dans le cas d'un risque donné, comment reconnaître qu'il y a bien une responsabilité (collective ou individuelle), mais que celle-ci ne renvoie pas automatiquement à un individu ou à une personne morale susceptibles d'être déclarés fautifs ? Comment soustraire la responsabilité à la faute, une notion à fortes connotations morales qui avait pour rôle de désigner un coupable ? Dans *l'État providence* (Grasset, 1986), François Ewald s'est penché sur l'exemple classique de la loi sur l'accident du travail pour comprendre les ressorts de la « responsabilité sans faute » (1898) : cette loi présente à l'époque le double avantage de reconnaître une responsabilité dans le cas des accidents sans pour autant accuser le patron de l'entreprise concernée d'être fautif ; mais aussi d'indemniser, grâce à la mutualisation des risques, l'ouvrier physiquement inapte au travail, ce qui permet à celui-ci de ne plus être seulement un assisté. Dès lors la réponse assurancielle (la mutualisation) et juridique (la « responsabilité sans faute ») s'engage dans une double direction : on admet d'une part qu'on peut être responsable d'un accident sans avoir pour autant commis une faute au sens moral, d'autre part on s'engage dans une logique d'indemnisation des victimes. Mais cette logique qui a organisé les mécanismes assuranciels pendant des décennies connaît aujourd'hui de graves ratés. Pour au moins deux raisons.

D'un côté, les risques ont changé de nature (le risque, à l'exemple du chômage de longue durée, peut correspondre à un état stable et non plus aléatoire) et d'échelle (le risque technologique majeur), ce qui provoque un sentiment accru de victimisation que Pascal Bruckner vient de rappeler, après d'autres, dans *la Tentation de l'innocence* (Grasset, 1994). De l'autre côté, l'idée de faute individuelle revient au premier plan : les affaires politiques, la mise en examen de nombreux hommes d'affaires témoignent d'un changement d'attitude de l'opinion. L'opinion publique, et plus particulièrement les victimes, supportent de moins en moins bien que le responsable potentiel d'un dommage ne soit pas considéré comme un fautif. Bien des scandales récents, à commencer par l'affaire du sang contaminé, ont mis tragiquement en scène ce double processus : une tendance à l'extension infinie du domaine des risques qui crée un climat de victimisation dans l'opinion et suscite l'inquiétude des assureurs pas toujours capables de répondre financièrement aux risques majeurs, une volonté affichée par la justice et l'opinion de s'en prendre aux coupables. Comme le dit Pierre Rosanvallon, il y a un double débordement du paradigme assuranciel : « La notion de risque social se désagrège par en haut et par en bas : l'attention au risque de catastrophe, d'un côté, et le retour à la faute individuelle, de l'autre, se conjuguent pour en réduire la centralité. » Ce qui ne va pas sans remettre en cause le principe de la responsabilité sans faute.

Face à cette situation, quelles sont les issues

possibles ? Allons-nous sortir de l'âge de la « responsabilité sans faute » ? Deux scénarios antagonistes sont fréquemment mis en avant : à ceux qui soulignent le risque d'une dérive à l'américaine, d'une croissance incontrôlable du sentiment de victimisation, de la demande d'indemnisation et de la recherche de coupables qui l'accompagnent inéluctablement, répliquent ceux qui, comme François Ewald – il est aujourd'hui directeur de la communication à la Fédération française des sociétés d'assurances de France –, considèrent que l'opinion publique, entrée dans un troisième âge de la responsabilité, est capable de mettre en œuvre une culture de la responsabilité perçue à travers les idées de précaution et de sécurité, la distinguant de ce qui se passe aux États-Unis.

S'étant fait connaître par un article portant sur les dérives du droit de la responsabilité, Laurence Engel se demande dans ce livre comment il sera possible à l'avenir d'éviter la sacralisation de la victime, la demande indéfinie d'indemnisation pour des risques de plus en plus extensifs, et dans le même temps de contrer les effets pervers d'un droit qui, privilégiant le point de vue de la victime et conduisant à prendre des décisions hâtives et discutables, débouche à l'occasion sur des phénomènes de « bouc-émissarisation ». Paradoxalement, l'incapacité de penser la faute dans un cadre juridique nouveau provoque en effet une surenchère judiciaire.

Pour l'auteur de cet ouvrage, qui porte sur *le* débat de société par excellence, la crise de la responsabilité est avant tout juridique, ce qui ne l'empêche pas de prendre en compte l'action conduite par les maisons d'assurances, qui ne cachent pas – et pourquoi le feraient-elles ? – leurs propres intérêts financiers. Dans cette conjoncture, Laurence Engel en appelle à une évolution juridique susceptible d'aller dans le sens d'une autre articulation de la faute et de la responsabilité. Même si elle invoque finalement la nécessité de susciter un débat public après avoir examiné les limites des réponses philosophiques et politiques, elle est surtout soucieuse d'une véritable « réforme du droit ». Parallèlement à l'action de lobbying et de réflexion des assureurs, des avancées philosophiques (voir les ouvrages de Paul Ricœur ou de Hans Jonas, par exemple), un changement d'attitude destiné à répondre à la crise de la responsabilité n'a guère de chance d'aboutir si le droit contemporain ne connaît pas une mutation.

Mais, dira-t-on, le droit n'est jamais que le reflet d'une société et de ses mœurs, et la tendance à la victimisation est particulièrement sensible dans la société française ? Rien n'est moins sûr, la situation créée par l'affaire du sang contaminé, l'activisme judiciaire qui l'accompagne, la succession des affaires politiques prouvent qu'il est urgent d'intervenir sur le plan du droit de la responsabilité. Bien entendu, la réponse à la crise contemporaine de la responsabilité n'est pas strictement juridique, mais elle exige un détour par le droit, par une dissociation de l'indemnisation des victimes et de la condamnation pour faute. C'est le scénario original de cet ouvrage, qui s'avance sur un terrain particulièrement difficile car miné par les passions et les insuffisances d'un outillage juridique lié à la notion de « responsabilité sans faute ».

Olivier MONGIN

RESPONSABLE OU VICTIME ?

Liberté et responsabilité forment un couple fondamental dans le cadre des sociétés libérales : la première, principe d'action – liberté de penser, de conviction, d'agir, d'entreprendre –, trouve dans la seconde son indispensable contrepoids. La responsabilité borne la liberté en même temps qu'elle en affirme la puissance, car l'homme n'est libre que pour autant qu'il assume les conséquences de ses actes. C'est au début du XIXe siècle que la responsabilité fait son entrée dans le droit moderne, avec la rédaction, en 1804, du Code civil. Bertrand-de-Greuille, dans le Rapport au Tribunat sur le projet de titre quatrième du livre III du Code civil, « Des engagements qui se forment sans convention », affirme ainsi : « Tout individu est garant de son fait ; c'est une des premières maximes de la société : d'où il suit que si ce fait cause à autrui quelque dommage, il faut que celui par la faute duquel il est arrivé soit tenu de le réparer. »

Depuis lors, cette responsabilité individuelle, témoin de la liberté de l'homme, n'a cessé d'irriguer les relations interpersonnelles. Avec, aujourd'hui, une acuité toute particulière : environnement, relations producteurs-consommateurs, relations médecins-patients, politique... les occasions de parler de responsabilité semblent s'être multipliées et avoir changé de nature. Affaire du sang contaminé, responsabilité du préfet de Vaison-la-Romaine dans les inondations qui s'y sont produites, responsabilité des chefs d'établissement scolaires pour les accidents survenus aux élèves, accidents ferroviaires : les exemples de procès ne manquent pas pour montrer que, s'il est un phénomène que nos sociétés modernes rejettent en effet avec de plus en plus de fermeté, c'est sans doute celui d'impunité. Les zones d'irresponsabilité doivent tendre à disparaître.

La responsabilité devant être sanctionnée par la loi, les conflits en responsabilité devant être réglés par le juge, c'est en effet tout d'abord et très naturellement vers le droit que les justiciables se sont tournés. Et, de fait, ce droit de la responsabilité, à travers lequel s'élaborent les règles qui permettent d'organiser la vie en société, a connu une importante évolution. Or, si l'on cherche à l'étudier, on est frappé par les mouvements divergents qui la caractérisent. D'un côté, tout semble être guidé par un besoin de réparation – qui répond à notre très actuelle peur du dommage : les tribunaux permettent avant tout d'indemniser les victimes de ces dommages, sans forcément se préoccuper des fautes qui ont pu être commises. On parle alors certes de responsabilité, mais il ne s'agit plus de celle que chacun assume au quotidien puisque le comportement des acteurs n'est là plus pris en compte. Mais d'un autre côté, les victimes affirment leur volonté de voir désignés des coupables, volonté dont témoignent les réactions de colère qu'avait provoquées il y a quelques temps l'exclamation de Georgina Dufoix dans l'affaire du sang contaminé : « Responsable, mais pas coupable. »

Si chacun s'accorde à reconnaître que la notion de responsabilité est fondamentale, parce qu'elle symbolise la conscience qu'ont les hommes de la portée de leur agir, constitue l'un des fondements de la vie en société et semble pouvoir nous protéger des dommages qui se produisent ou peuvent se produire, l'évolution du droit de la responsabilité montre donc, par son caractère contrasté, les difficultés que nous rencontrons dans nos tentatives destinées à la rendre concrète. Plane même un sentiment d'irresponsabilité, une impression que les individus, au moment même où l'on attend d'eux un exercice plus ferme de leurs responsabilités, rechignent à les assumer et préfèrent se décrire comme des victimes.

Qu'est-ce donc qu'être responsable ? Comment devient-on responsable ? Comment rendre le monde responsable ? Quelles doivent être les limites que nous devons imposer à notre agir ? Que devons-nous à ceux avec qui nous vivons ? Quelles règles de vie en commun voulons-nous instituer ? Voilà des questions qui restent, à bien des égards, non résolues, en tout cas juridiquement, et qui appellent de ce fait un double éclairage, sociologique et philosophique.

Avant d'aborder, même sous la forme d'une simple esquisse, les voies qui pourraient nous mener à ce monde plus responsable auquel nous aspirons, il faut donc, en partant de l'analyse de l'évolution du droit, montrer que le chemin aujourd'hui suivi n'est sans doute pas approprié et débouche sur une véritable crise de la responsabilité. Le droit de la responsabilité, pour redevenir efficace, c'est-à-dire contribuer à rendre le monde responsable, doit sans doute se rapprocher de la notion commune de responsabilité, sortir d'une logique purement juridique, assurer, car telle est sa fonction, le lien entre l'expression de la morale publique et sa mise en forme.

I

LA RESPONSABILITÉ EN CRISE

La matérialisation de la responsabilité que chacun d'entre nous doit assumer se réalise à travers le registre juridique : le droit * est là pour sanctionner, établir, délimiter la responsabilité. L'analyse de son évolution permet dès lors d'entrevoir ce que, à chaque étape de son histoire, la société attend de ses membres, le comportement qu'elle estime pouvoir satisfaire aux contraintes de la vie en commun et les formes que doit prendre cette responsabilité.

La France se caractérise par une distinction entre juridictions administratives d'une part et juridictions judiciaires de l'autre, les conflits dans lesquels l'État est partie étant traités séparément au sein des premières (on parle de droit public *). C'est dans ce cadre que sont établies les règles relatives à la responsabilité de l'État, lorsqu'un dommage est subi par un administré (par exemple, lorsqu'une personne est blessée au cours d'une manifestation ou lorsqu'un accident médical se produit dans un hôpital public). S'agissant de la branche judiciaire, le droit subit une seconde distinction classique entre droit civil * (qui règle, par l'intermédiaire de la réparation des dommages, les conflits intéressant des personnes privées et organise les relations entre les personnes vivant en société) et droit pénal * (qui se définit par les crimes, les délits et les contraventions, n'ayant à intervenir qu'à l'occasion de ces infractions à la loi, pour lesquelles il organise les sanctions). La notion de responsabilité est utilisée dans ces trois domaines du droit. Mais le droit civil (et le droit public * qui en est l'équivalent pour les relations qui s'établissent avec l'État) est considéré comme premier : c'est à travers lui qu'ont en effet été élaborées les notions utilisées en droit, le droit pénal ne faisant que transcrire la notion civile de responsabilité en l'applicant aux infractions prévues par la loi. Pour comprendre quelle est la traduction juridique de la notion de responsabilité, telle qu'elle permet d'organiser les relations interpersonnelles, c'est donc en partant du droit civil qu'il faut engager cette étude.

C'est alors à l'idée d'une crise du droit de la responsabilité que l'on est confronté. Crise liée d'abord au fait que le droit civil de la responsabilité a subi une évolution importante qui tend à le déstabiliser : si la responsabilité ne pouvait être engagée, conformément au Code civil et à la pratique qu'on en a fait classiquement, que lorsque était commise une faute (on parle de *responsabilité pour faute**), la volonté d'indemniser plus facilement les victimes a conduit les juges à recourir à la notion de *responsabilité sans faute**. Une personne peut ainsi aujourd'hui voir sa responsabilité engagée alors même qu'elle n'a pas commis de faute. Cette responsabilité sans faute est le plus souvent associée à la notion de *risque*. Dès lors que l'on entreprend de réaliser quelque chose, quel que soit le secteur d'activité dans lequel on intervient, on prend le risque de voir cette réalisation échouer et, éventuellement, causer des dommages. Sans même qu'une erreur soit commise, mais simplement parce que l'action engagée comportait de manière inhérente l'éventualité de ce dommage. C'est celui-ci, indépendant du comportement de la personne qui voit sa responsabilité engagée, que la responsabilité sans faute permet d'indemniser. La notion de responsabilité a donc connu une extension très large, qui est à l'origine d'une crise du droit.

Mais, deuxième temps de l'analyse, l'idée d'une crise du droit vient aussi de ce que cette évolution paraît, à bien des égards, néfaste. Notamment parce qu'elle coûte cher à la collectivité (il faut assurer la réparation des dommages), et parce qu'elle tend à créer une société de victimes, chacun cherchant à se présenter comme tel pour bénéficier de ces indemnisations.

Enfin, troisième temps de l'analyse, on peut parler de crise parce que, alors même qu'elles en réclament le bénéfice, les victimes n'acceptent pas d'être indemnisées sans que soient désignés des coupables : la notion de responsabilité sans faute ne les satisfait pas à cet égard. Des mouvements contraires animent donc le droit, accentuant cette impression de déstabilisation.

Au total, il y a crise du droit de la responsabilité d'abord parce qu'en s'éloignant du langage courant, le droit devient plus obscur aux yeux des justiciables. Il y a crise ensuite parce que les mouvements de balancier que l'on évoque sont d'une part violents, et d'autre part ne suivent pas une ligne de démarcation suffisamment claire entre les différentes branches du droit (civil et pénal). Il faut donc revenir sur ces trois temps d'analyse, avant de conclure à l'inadaptation du droit de la responsabilité aux besoins et inquiétudes qu'expriment les citoyens.

L'impératif de la responsabilité sans faute

L'évolution du droit civil de la responsabilité en France a suivi le chemin qui va de la faute au risque. La faute reste certes prise en compte. Mais le dispositif a toutefois fondamentalement évolué : on est en effet passé d'un système de responsabilité pure, où le comportement fautif du responsable primait, à un système d'indemnisation où l'attention est très largement focalisée sur la victime.

François Ewald, qui, à plusieurs reprises, s'est attaché à décrire et à expliquer en termes sociologiques cette évolution [1], distingue en réalité trois étapes ou trois âges du droit de la responsabilité. Le premier repose, en termes juridiques, sur la faute et, s'agissant des individus et du comportement qu'on attend d'eux, sur la prudence et la prévoyance, pour soi-même (quant aux dommages qui ne sont pas provoqués par une faute) et pour les autres (quant aux fautes qu'il s'agit d'éviter). Ce premier temps symbolise le XIX siècle et s'incarne dans le Code civil rédigé en 1804 : l'objectif est alors de limiter les cas où la responsabilité peut être engagée, d'éviter, dans une optique libérale, que les individus ne se déchargent sur des tiers des dommages qu'ils subissent et de faciliter le développement de la libre entreprise.

Le second temps, âge de la solidarité davantage que de la responsabilité, repose non plus sur la faute mais sur le risque. Il s'est développé tout au long du XX siècle, tendant, à rebours de ce qui s'était produit auparavant, à faciliter l'engagement de la responsabilité dans le but de mieux indemniser les victimes de dommages. En faisant l'économie de la faute et de la cause pour rendre possible une indemnisation fondée sur le seul préjudice, la notion de responsabilité sans faute est employée de plus en plus fréquemment. Il ne s'agit alors plus de la prudence chère au

XIXᵉ siècle, mais de prévention. Prévention qui vise moins à éviter le dommage qu'à en favoriser l'indemnisation et qui passe, techniquement, par le recours à l'assurance.

Enfin, une troisième étape, qui traduit les aspirations nouvelles des citoyens, correspond à la notion de sécurité : elle suppose que les individus fassent preuve de précaution. Ce troisième temps n'a toutefois pas trouvé sa traduction juridique accomplie. C'est en réalité par une extension toujours plus grande du second temps de l'évolution du droit de la responsabilité, au fur et à mesure que nos sociétés découvrent, avec le progrès technique, de nouveaux risques de dommages, que nos juges semblent vouloir satisfaire cette attente.

La question est donc la suivante : cette solution est-elle satisfaisante ? Avant d'y répondre, il faut revenir sur le passage du premier temps au second temps du droit civil de la responsabilité et voir en quoi il tend aussi à imprégner le droit pénal.

Face a la responsabilité civile. Symbole de cette évolution et repère chronologique : la loi de 1898 sur les accidents du travail. En rendant obligatoire pour les entreprises l'assurance du risque en cause et en procédant à la mise en place d'un système d'indemnisation à la fois automatique et forfaitaire, la loi de 1898 constitue un tournant décisif. En termes de responsabilité, elle ouvre la voie à la notion de responsabilité sans faute : si le développement de l'industrie est susceptible, par nature, de s'accompagner de dommages multiples et si les chefs d'entreprise ne peuvent pas toujours être considérés comme fautifs lorsque ces dommages sont subis par leurs employés, à tout le moins faut-il veiller à indemniser les victimes. Sur le plan technique, la loi de 1898 marque le passage d'une gestion individuelle de la faute à une gestion socialisée du risque, ce qui suppose la mise en œuvre d'une technique de transposition des préjudices dans un système de barème d'indemnisation. Sur le plan sociologique enfin, elle exprime la conviction qu'il doit être possible de gérer l'incertitude, de la maîtriser grâce au développement de l'assurance. C'est bien une nouvelle conception du droit de la responsabilité qui s'exprime alors.

Après l'ouvrier, ce sont l'usager et le consommateur qui feront l'objet de toute la considération du législateur, la plus récente de ces interventions ayant été réalisée en 1991 au profit des hémophiles et tranfusés contaminés par le virus du sida. Si l'on s'arrête un instant sur ce dernier texte, on constate d'une part que seul est pris en considération le dommage subi (il faut : premièrement, avoir été contaminé ; deuxièmement, avoir subi une transfusion ou une injection de produits sanguins), à l'exclusion de toute référence à la faute et même à la relation de causalité qui pourrait exister entre le fait générateur et le dommage ; d'autre part que le fondement retenu pour l'indemnisation est le risque encouru, du fait même du recours à la transfusion ou à l'injonction, indépendamment des responsabilités éventuelles, le risque justifiant, par son caractère exceptionnel, le recours à la solidarité nationale. En tout état de cause, dans chacun des textes votés depuis 1898 par le législateur, la victime est mise en avant ainsi que la possibilité pour elle d'être indemnisée sur le fondement d'une responsabilité de plein droit, le financement de ces opérations à caractère quasi humanitaire relevant soit d'un système d'assurance, soit de la solidarité nationale, c'est-à-dire du budget de l'État.

Pour comprendre les mécanismes juridiques qui ont permis de mettre en œuvre cette évolution, il convient de s'arrêter un instant sur la jurisprudence du Conseil d'État et de la Cour de cassation [2], puisque c'est d'abord à travers elle que s'est exprimée historiquement la nécessité de modifier les dispositions relatives au droit de la responsabilité.

Le juge administratif a ainsi considéré qu'il était injuste de faire dépendre la réparation de l'existence d'une faute, et plus encore de demander à la victime d'en apporter la preuve. On parle, pour décrire cette évolution du droit, d'un processus d'*objectivation de la responsabilité* : celle-ci résulte désormais davantage de la matérialité d'un dommage constaté (élément *objectif*) que de la prise en compte du comportement fautif d'un individu, (élément *subjectif*). Sans entrer davantage dans le détail technique de cette évolution, on peut dire qu'une victime peut désormais être indemnisée non plus seulement parce qu'elle a subi le comportement fautif d'un tiers, mais à raison du risque encouru, du simple fait de l'existence ou de la pratique d'une activité.

Par ailleurs, la notion de dommage indemnisable a été considérablement élargie. Le Conseil d'État admet aujourd'hui que peuvent être indemnisés non seulement les préjudices matériels (liés par exemple à la perte de revenu), mais aussi la douleur physique, le préjudice esthétique, les troubles dans les conditions d'existence, la douleur morale enfin. Le simple énoncé de ces notions permet de conclure à la possible indemnisation de tout type de préjudice, quelles que soient les difficultés que les juges peuvent rencontrer dans l'évaluation monétaire de données particulièrement immatérielles.

L'évolution du droit public de la responsabilité a donc été impressionnante : là où, au XIXᵉ siècle, le principe appliqué était celui de la non-responsabilité de l'État et des autres personnes publiques, sauf si cette responsabilité était prévue par un texte ou un contrat, la responsabilité de l'État est aujourd'hui très largement admise. Les conditions classiques permettant l'ouverture du droit à réparation restent certes, en principe, valides, qu'elles concernent le préjudice (qui, notamment, doit être certain) ou la relation de cause à effet entre les agissements de l'administration et le dommage. De même la responsabilité engagée est-elle, en principe, une responsabilité pour faute, et même parfois pour faute lourde, c'est-à-dire une faute d'une particulière gravité. Mais le Conseil d'État prévoit, dans le sens de l'évolution évoquée, des cas de responsabilité pour faute présumée (on suppose dans ce cas, dès lors qu'il y a eu dommage, qu'une faute en est à l'origine, sans que la victime ait à en apporter la preuve) et surtout des cas de responsabilité sans faute, c'est-à-dire de plein droit et à raison du préjudice causé [3]. En matière de responsabilité médicale, par exemple, le Conseil d'État est passé récemment d'une responsabilité pour faute lourde à une responsabilité pour faute non caractérisée, dite « faute simple » (dont le principe a été généralisé dans un arrêt du 9 avril 1993), pour finalement invoquer une responsabilité sans faute [4].

C'est à une évolution parallèle que s'est livrée la Cour de cassation. L'*objectivation de la responsabilité* a été réalisée sur le fondement de l'article 1384 du Code civil, qui dispose que l'« on est responsable non seulement du dommage que l'on cause par son propre fait, mais encore de celui qui est causé par le fait des personnes dont on doit répondre [on parle alors de *responsabilité du fait d'autrui*], ou des choses que l'on a sous sa garde [on parle de *responsabilité du fait des choses*] ». Destiné à un usage exceptionnel, cet article est aujourd'hui au cœur d'une jurisprudence fournie de la Cour de cassation, qui y a fait pour la première fois référence en 1896. Le principe d'une responsabilité du fait des choses a été généralisé en 1930, dans un arrêt Jandheur : depuis, les dommages créés par une activité sont donc susceptibles d'être indemnisés sur le fondement de la responsabilité sans faute des personnes qui en sont les protagonistes. Quant à la responsabilité du fait d'autrui, la Cour de cassation a admis en 1991 la responsabilité sans faute du fait des personnes à risques [5], acceptant ainsi pour la première fois d'étendre la liste des cas prévus par le Code civil pour l'engagement d'une telle responsabilité [6], ce qui a été interprété par certains comme un pas entrepris par la juridiction dans le sens de la mise en œuvre d'un principe général de responsabilité du fait d'autrui.

Cette évolution du droit a en tout cas été entérinée en France par le Conseil constitutionnel. La faute reste certes le fondement constitutionnel du droit à réparation : ce dernier est qualifié de principe constitutionnel dès lors qu'une faute est commise, sur le fondement de l'article 4 de la *Déclaration des droits de l'homme et du citoyen*. Mais le Conseil constitutionnel a, dans une décision de 1989, posé le principe d'une exigence constitutionnelle d'engagement de la responsabilité sans faute de la puissance publique, en cas de rupture de l'égalité devant les charges publiques. Et il a par ailleurs admis que le législateur pouvait, dans les autres cas, instituer des systèmes de responsabilité sans faute, en se fondant sur la notion de solidarité : cette dernière semble donc pouvoir être utilement sollicitée quand est constatée la défaillance financière du responsable.

La terminologie utilisée par le Conseil constitutionnel est sans doute celle qui permet d'illustrer au plus juste l'évolution du droit de la responsabilité en France. En mettant l'accent sur le sort réservé à la victime, ce sont, plus que celle de responsabilité, les notions de sécurité, d'assurance et finalement de solidarité qui priment en effet.

L'évolution du droit pénal. Il est intéressant, pour clore ce panorama de l'évolution du droit de la responsabilité, de jeter un œil sur la manière dont le droit pénal a réagi et s'est adapté à cette situation nouvelle.

Les juristes constatent que, le plus souvent, le droit civil et le droit pénal évoluent de manière symétrique, l'un venant durcir ce que l'autre tente d'assouplir, dans un mouvement compensateur qui vise, même inconsciemment, à maintenir une pression toujours équivalente sur les citoyens-justiciables. Et, de fait, on peut pour partie analyser l'évolution du droit pénal, incarnée dans le nouveau Code pénal, comme une tentative de renforcer la notion de responsabilité personnelle, à contre-courant donc de l'évolution constatée en droit civil[7]. Cette tendance est d'ailleurs conforme à la vocation du droit pénal, dont le fondement, qui repose traditionnellement sur le double principe du caractère personnel de la responsabilité et des peines, est de rechercher et de sanctionner le coupable.

Mais cette analyse ne permet sans doute pas de rendre compte de l'ensemble des tendances qui animent le droit pénal. Aujourd'hui, et à l'instar du droit civil, le droit pénal se préoccupe en effet tout autant, si ce n'est davantage, du bien-être des victimes, en ayant le souci de faciliter leur indemnisation. Le droit pénal n'évolue donc pas *a contrario* du droit civil, mais, dans ce cas, suit ses traces.

On trouve la marque de cette évolution notamment dans les conflits mettant en cause des entreprises. L'imprégnation du droit pénal par des considérations civilistes s'est traduite de deux manières : d'une part par une tendance du juge, à partir des années 70, à engager facilement la responsabilité du chef d'entreprise pour manquement à son obligation de sécurité ; d'autre part par une réaction du législateur qui, en 1992, a institué la responsabilité pénale des personnes morales. Il s'agit dans les deux cas de reconnaître une responsabilité pénale même en l'absence d'une volonté de faire le mal ou lorsque les dommages sont directement liés à l'activité en cause, sans qu'une faute particulière puisse être identifiée. Le juge procède alors à une sorte de collectivisation de la responsabilité, celle-ci étant incarnée dans le chef d'entreprise, alors même qu'il n'est pas physiquement impliqué dans la réalisation du dommage, ou dans l'entreprise elle-même.

Revenons sur chacun de ces deux cas, en commençant par évoquer celui de la responsabilité du chef d'entreprise en matière de sécurité. C'est en particulier dans le cadre des obligations spéciales de sécurité (liées à des législations spécifiques à certaines activités) que la responsabilité pénale du chef d'entreprise a en effet connu une extension très large : elle a été engagée par le juge sur le fondement de la notion de risque engendré par l'activité en question (et l'on rencontre là, de manière très étonnante s'agissant du droit pénal, la notion de responsabilité sans faute) et sur celui de présomption de faute, le chef d'entreprise ayant une responsabilité morale dans les faits liés à l'activité dont il a la charge. Comme en droit civil, on a là un processus d'objectivation de la responsabilité : ce n'est pas le comportement du chef d'entreprise qui est en cause et il n'a d'ailleurs pas la possibilité de s'exonérer de sa responsabilité en apportant la preuve de l'absence de faute. Plus généralement, les notions d'imprudence, de négligence, d'inobservation des règlements ont été plus fréquemment employées par le juge, afin d'engager facilement la responsabilité des chefs d'entreprise concernés. On a parlé notamment d'une responsabilité pénale du chef d'entreprise du fait d'autrui, le dommage pouvant par exemple être causé par le fait d'un préposé.

Cette évolution de la jurisprudence a toutefois ému le législateur. Une mise en cause qui a pu paraître parfois trop systématique de la responsabilité des chefs d'entreprise a été considérée comme excessive, et donc injuste, transformant ces derniers en véritables boucs émissaires. Dans l'exposé des motifs du projet de loi de 1986, le rapporteur explique ainsi qu'il s'agit de faire disparaître « la présomption de responsabilité pénale qui pèse en fait aujourd'hui sur ces dirigeants à propos d'infractions dont ils ignorent parfois l'existence ». Dans les affaires en cause, le comportement fautif des personnes ne pouvait en effet être prouvé : comment alors justifier des condamnations pénales ? S'il s'agit de mettre en cause l'activité à l'origine des dommages, s'il s'agit donc d'une responsabilité anonyme, *objective* (du fait des choses et des activités), pourquoi impliquer un individu et pourquoi ne pas s'en prendre à l'entreprise elle-même ? Ce que cherche à mettre en œuvre le nouveau droit pénal : moyennant quelques aménagements (l'homicide, par exemple, ne saurait bien sûr pas être imputé à une personne morale), le droit de la responsabilité pénale peut, depuis cette réforme votée par le Parlement en 1992, s'appliquer à une entité abstraite, personne certes, mais personne morale.

Si le législateur s'est donc en l'occurrence inscrit en réaction à la jurisprudence, afin de protéger une catégorie de justiciables qu'il estimait injustement incriminée, il est néanmoins resté dans la logique d'une *objectivation* de la responsabilité. Il s'est simplement agi de changer de cible. On voit bien toutefois ce que cela peut comporter d'artificiel. Que l'on considère par exemple l'objectif *correcteur* de la sanction pénale qui vise à influencer le comportement du coupable : il est bien évident que la personne morale ne pourra modifier son agir que par la volonté de ses dirigeants. Dès lors, si certains craignent que le principe d'une responsabilité pénale des personnes morales ne conduise, comme la loi le permet, à ajouter cette responsabilité à celle des personnes physiques ayant concouru aux faits, à multiplier donc les occasions de procès, on peut penser, à l'opposé, qu'il risque de se traduire par un effacement du juge, qui se dispensera d'entreprendre une recherche efficace des responsabilités imputables aux personnes physiques. En insufflant des principes propres au droit civil dans le droit pénal, cette réforme rappelle en effet l'objectif qui est le sien : faciliter l'indemnisation des victimes sans incriminer pour autant une personne dont, au fond, on ne tient pas à déterminer les responsabilités. La notion de sanction pénale perdrait alors tout sens. On ne chercherait pas à expliquer, on ne chercherait pas à corriger les comportements, on chercherait seulement à compenser les dommages. On peut considérer que serait alors perverti le sens même que l'on accordait jusque-là au registre pénal.

Dérives juridiques

Que penser de cette évolution du droit de la responsabilité ? On peut certes se réjouir d'une volonté toujours plus affirmée et toujours plus concrétisée de soulager la douleur. Mais on ne saurait s'arrêter à cette réaction spontanée. L'extension du champ de l'indemnisation suscite d'ailleurs, en même temps qu'elle semble naturelle, l'émoi de juristes attachés à la pureté de leurs concepts. Une telle attitude est peut-être rigide : elle mérite toutefois qu'on s'y arrête.

Un diagnostic excessif. L'idée d'une dérive du droit de la responsabilité est exagérée : d'une part, parce que le diagnostic d'un état de crise est récurrent en ce domaine et perd donc de sa vigueur ; d'autre part, parce qu'il est inspiré de l'analyse des pratiques américaines davantage que de celles que l'on rencontre en France ; enfin, parce que ce rapprochement entre droit français et droit américain semble oublier que le second repose sur un système institutionnel qui s'éloigne notablement du nôtre. Reprenons chacun de ces trois points.

L'extension continue des cas où la responsabilité — juridique — peut être engagée conduit d'abord à prononcer ce diagnostic : le droit de la responsabilité est en crise. L'idée n'est pas farfelue : le droit, en institutionnalisant les relations humaines, a pour fonction de les cadrer, d'y donner des limites, dans le but de mettre fin à d'éventuels conflits. Il s'agit de borner. Or, à force d'étendre le champ de la responsabilité, à force de voir de la responsabilité partout, on perd au contraire le sens même de la notion de responsabilité. En termes juridiques d'abord, puisque, comme on l'a vu, les éléments constitutifs de la responsabilité sont peu à peu écartés. Mais le concept juridique s'éloigne aussi du concept usuel : on y associe des cas de plus en plus nombreux et de plus en plus divers, au risque de créer des incohérences ; on fait surtout d'une notion *a priori* claire une « catégorie fourre-tout », selon l'expression de Catherine Labrusse-Riou [8]. Jean Car-

bonnier a cette phrase mi-amusée, mi désabusée :
« Ah ! La charité, la charité, cette idée chrétienne
devenue folle du jour où elle a épousé le droit [9]. »
Dès lors que l'objectif devient d'indemniser les victimes, par « charité chrétienne », on oublie en effet
de s'en tenir à une définition rigoureuse des notions
que l'on utilise.

Pour autant, ce diagnostic de crise peut, en
première analyse, porter à sourire. Ceux qui le formulent crient en effet, à chaque nouvelle étape, à la
dérive d'un droit au bord du gouffre, que l'administration de la justice pourrait bien ne plus parvenir à
mettre en œuvre. Une vive émotion s'exprime ainsi
après l'arrêt Jandheur de la Cour de cassation, en
1930 : pour R. Savatier, on assiste là à « une extension indéfinie [10] » de l'article 1384 du Code civil ;
pour H. Capitant, on doit s'attendre à ce que « tous
les demandeurs en indemnité au cours des trente
années précédentes [reviennent] à la charge ».

Or, ces annonces ne se réalisent jamais.
Comme si notre culture était à ce point peu procédurière que le droit de la responsabilité pouvait toujours « progresser », comme l'on dit, sans que soit
pris le risque de voir les procès se multiplier de
manière excessive. Comme si la crainte d'une dérive
effective n'avait donc pas lieu d'être et ne s'exprimait, à mauvais escient, que par assimilation aux
pratiques anglo-saxonnes, et notamment améri

caines. De fait, c'est sans doute le miroir grossissant – et déformant – des multiples procès en responsabilité intentés aux États-Unis qui a inspiré le diagnostic en question et les craintes qu'il suscite. L'idée de dérive trouve en effet aux États-Unis un terrain plus fertile. Pourtant, les objectifs et les chemins techniques pour y parvenir ressemblent fort à ceux que l'on a rencontrés en France.

Mêmes objectifs en effet. Celui, avant tout, qui consiste à prendre le parti des victimes – consommateurs, travailleurs, « petits » –, pour les défendre de la toute-puissance des producteurs, des patrons, de tous ceux qui sont censés maîtriser les outils du pouvoir. Celui qui vise aussi à améliorer la protection de la vie, à prévenir les pratiques dangereuses et, selon la terminologie économique, à remédier aux insuffisances du système de marché qui, en ne faisant pas supporter aux producteurs le coût des accidents qu'ils suscitent, assure à ces derniers une impunité intolérable.

Mêmes objectifs donc, et mêmes techniques juridiques. Ainsi, les conditions d'engagement de la responsabilité ont été notablement assouplies, permettant le passage de la notion de faute à celle de risque, de la *responsability* à la *liability*. La nécessité d'établir une relation de cause à effet entre un acte ou un produit et un dommage a été progressivement remise en cause. L'extension de la notion de dommage indemnisable et de celle de victime a été utilisée. La volonté d'assurer aux victimes une compensation monétaire estimée légitime a conduit les juges à désigner comme responsable, non plus celui qui l'est réellement, mais celui qui a les moyens de financer cette compensation, soit directement, soit parce qu'il est assuré. C'est ce que l'on appelle aux États-Unis la *deep pocket liability*. Les limites temporelles de la responsabilité ont enfin été repoussées, jusqu'à faire oublier la notion de prescription.

Quant aux effets produits, on est de fait tenté par le terme de dérive. Sur le plan anecdotique, on rappellera l'histoire véridique de cette femme qui, pour faire sécher son chien plus rapidement, l'enferma dans son four à micro-ondes. L'animal, bien sûr, succomba. Mais sa maîtresse obtint une indemnité conséquente, versée par le fabricant, lequel avait omis, à tort, d'indiquer qu'il ne convenait pas d'utiliser l'appareil en guise de séchoir. Sans doute cet exemple frise-t-il le ridicule. Mais un bilan quantitatif donne bien cette même impression : sont menées aux États-Unis, chaque année, 18 millions d'actions judiciaires qui rapportent 100 millions de dollars aux avocats ; 52 % des chirurgiens et 68 % des obstétriciens doivent s'attendre à subir des poursuites au cours de leur carrière ; il y a aux États-Unis trois fois plus d'avocats, dix fois plus de procès en responsabilité, trente à quarante fois plus de procès pour faute professionnelle, cent fois plus de procès relatifs à des produits défectueux qu'en Grande-Bretagne, ces chiffres étant bien sûr rapportés à la population de ces deux pays.

Pourtant, cette dénonciation d'une dérive du droit de la responsabilité aux États-Unis suscite les réactions les plus vives auprès de ceux qui se font les défenseurs du système juridique américain [11]. La critique de l'évolution du droit de la responsabilité aux États-Unis serait à la fois excessive – liée en tout cas à des enjeux politiques –, déplacée – la part prise par le droit étant garante d'un État de droit – et enfin dépassée – des mesures de régulation (plafonnement des condamnations, financement public de l'indemnisation des risques non assurables, limitation de la responsabilité pour risque) ayant été adoptées. Sans discuter du second argument, qui constitue un débat en soi, on admettra que les prises de position sont aux États-Unis souvent polémiques, donc exagérées. Mais on fera remarquer que l'édiction de mesures de régulation justifie à elle seule l'idée selon laquelle l'évolution du droit de la responsabilité avait conduit à dépasser les limites du raisonnable. Il faut revenir en revanche sur les spécificités du système juridique américain, auxquelles ce dépassement est largement lié.

Indépendamment même des particularités juridiques, on ne peut en effet négliger l'influence qu'a eue aux États-Unis l'absence de système généralisé de sécurité sociale sur l'évolution du droit. L'explosion juridique y aurait fait office de programme de *social welfare,* imposé par la société civile. En effet, en l'absence de mécanismes de remboursement automatique, les Américains n'ont bien souvent, comme solution, que le procès pour obtenir la prise en charge, par un tiers, des frais occasionnés par un dommage.

Mais le système judiciaire lui-même favorise le recours aux procès et incite à leur multiplication. D'une part, tout concourt à la prise en compte des revendications les moins rationnelles de la population et à l'attention portée à leurs souffrances : les juges sont élus par la population, les sentences sont prononcées par un jury populaire, les États enfin, chargés de définir les règles relatives à la responsabilité, se livrent à une véritable surenchère afin de proposer le système le plus favorable possible. Le rôle surtout que jouent les avocats doit être mis en avant. Leur mode de rémunération d'abord est un facteur aggravant dans la surenchère aux indemnités, puisque c'est en fonction de celles-ci qu'ils fixent leurs honoraires. Aucune règle déontologique ne vient par ailleurs encadrer leur comportement et ils pratiquent ainsi, sans retenue, l'incitation au procès. Certains cabinets d'avocats ont, par exemple, accès à des registres d'enfants handicapés et font, à partir de ces listes, un démarchage systématique pour proposer aux parents d'engager des procédures contre les obstétriciens qui ont procédé à l'accouchement. On s'était ému, en France, après le drame du stade de Furiani, de voir certains avocats se déplacer dans les hôpitaux pour offrir aux victimes leurs bons offices : c'est là monnaie courante aux États-Unis. Enfin, si le recours à la publicité était classiquement interdit aux avocats (il l'est toujours dans les autres pays), il s'agit aujourd'hui d'une pratique fréquente outre-Atlantique.

De tout cela, il n'est pas véritablement question en France. Mais il reste que l'évolution du droit de la responsabilité dans ces deux pays repose sur des concepts identiques. Il reste aussi que, faute de réflexion générale sur les problèmes d'indemnisation, on pourrait être tenté, au risque de connaître une évolution dangereuse, d'utiliser la notion de responsabilité sans faute pour aboutir à un système d'indemnisation généralisé, tel qu'il est apparemment souhaité. Dans ce cadre, la dénonciation d'une crise ou d'une dérive du droit de la responsabilité peut bien paraître outrée : elle pourrait néanmoins être fort utile.

Quand la victime fait la loi. Il s'agit d'appréhender les risques que comporte une extension mal gérée, parce que mal comprise, de la responsabilité sans faute. Démarche utile parce que, comme on l'a vu, l'évolution du droit de la responsabilité aux États-Unis et en France repose sur des considérations analogues – la compassion à l'égard de la victime – et sur des techniques comparables – la dilatation de la notion de responsabilité sans faute. Utile parce que les conséquences qui accompagnent cette évolution sont déjà présentes sur notre continent. Utile enfin parce que l'outrance permet d'envisager les risques et donc de décider pour l'avenir en meilleure connaissance de cause. Les États-Unis représentent un cas d'école : il faut donc en faire la pédagogie. Ces risques se conjuguent en termes sociologiques, économiques et juridiques.

La révolution juridique a en effet d'abord transformé la société américaine, ou en a accentué certaines tendances peu attirantes. Deux adjectifs peuvent être à ce titre retenus pour la décrire : acrimonieuse et frileuse. On touche là à l'ambiguïté de la notion de droit « objectif ». Par ce déterminant, on croit pouvoir se prévaloir d'une vision neutre des relations humaines. Mais l'activation de relations juridiques dans le cadre de procès, par lesquels on souhaite ne traiter que des dommages, mais où se rencontrent nécessairement des individus, victimes et responsables, interdit, comme par nature, que soient assurés ces contacts aseptisés. En réalité, la multiplication des procès ne permet d'épargner aucun sentiment. Car ce n'est pas seulement contre un producteur anonyme ou un patron injuste que l'on intente un procès : on peut régler aussi de cette manière les conflits entre époux, entre frères et sœurs, entre parents et enfants. Sans toujours aller jusqu'à ces excès, l'objectivation des litiges est de toute façon en pratique difficile à réaliser car, pour l'opinion publique, celui qui est condamné à payer est forcément non seulement responsable mais aussi coupable. Procédurière, la société américaine pourrait par ailleurs devenir une société frileuse puisque toute attitude innovante risque de devenir suspecte. Ce sont dès lors les comportements défensifs qui prennent le dessus : les Américains se calfeutrent derrière leur peur du procès.

Finalement, derrière ce que l'on pourrait analyser comme un retour de l'humanisme (comme défense de l'homme dans sa chair et son âme), on découvre une montée en force de l'individualisme. Car ne défend-on pas alors les intérêts d'un individu? Le droit a certes cette double fonction de défendre la société contre ceux dont le comportement pourrait être destructeur et de défendre les individus contre les risques d'une vision trop globale du groupe social. Mais il s'agit précisément de trouver un juste équilibre, ce dont on peut douter lorsque l'intérêt général – pour autant qu'on puisse le définir – est mis en cause. Que l'on songe ainsi au problème des vaccins : ils peuvent produire des effets secondaires dommageables sur quelques personnes mais n'en restent pas moins utiles, voire indispensables, à la très grande majorité de la population. Or, le droit de la responsabilité, tel qu'il est pratiqué aujourd'hui aux États-Unis, peut conduire à retirer du marché un vaccin, en raison des dommages qu'il aura causés à quelques personnes, voire à une seule, le dommage pouvant lui-même n'être que psychique. Sans toujours aboutir à ces excès, le système est en fait très individualiste et donc très coûteux en termes de cohésion sociale.

Lorsque l'on parle de responsabilité « objective », il ne faut donc pas confondre une notion de technique juridique et un concept usuel. C'est en réalité toujours de personnes dont il est question. On a certes pu l'oublier, tant le développement de l'assurance a rendu possible la viabilité économique du nouveau droit de la responsabilité en même temps qu'il faisait se rencontrer des institutions (compagnies d'assurances) en lieu et place des personnes qu'elles représentaient. C'est cet oubli sur lequel il faut revenir, d'autant que le système pourrait bien péricliter sur le plan économique.

Il est en effet coûteux. En premier lieu, bien sûr, pour ceux qui sont désignés comme responsables. C'est là l'effet direct de la multiplication des procès. À terme, ce coût est répercuté à travers le prix des produits sur les consommateurs, qui assument, *in fine,* l'indemnisation des victimes des risques pris pour exercer des activités qu'ils jugent par ailleurs utiles. C'est sans doute là un principe que l'on peut soutenir. Mais, en amont, s'il n'est pas en soi choquant que des entreprises consacrent un pourcentage de leur chiffre d'affaires aux charges liées à cette évolution du droit, on ne peut ignorer que l'impact économique de cette situation peut être considérable : soit que les entreprises, quand elles arrivent à se maintenir sur le marché, voient leur compétitivité atteinte du fait même de la charge financière supportée, soit qu'elles ne résistent pas au poids économique engendré par les procès qu'elles ont à subir, et se trouvent obligées de cesser leur activité. La question est d'autant plus pressante que l'on souhaite voir indemnisée la réalisation de risques toujours plus importants. En matière de pollution ainsi, et dès lors que l'on s'intéresse aux dommages subis par l'écosystème, on se heurte inévitablement au double problème pratique de la détermination des responsabilités et de l'assomption de la charge de la réparation.

Plus généralement, le développement du droit de la responsabilité peut constituer un véritable frein à l'innovation, autre figure de la compétitivité d'une économie. Dans la mesure où le progrès et l'innovation sont porteurs de risques, puisqu'ils sont par nature incertains quant à leurs effets, il devient en effet plus prudent de se contenter des techniques anciennes. Pour ne prendre qu'un exemple américain, le nombre de fabricants de vaccins, secteur où les Américains sont aujourd'hui dépassés, a été divisé par plus de deux entre 1965 et 1985.

Mais c'est la viabilité économique du nouveau système de responsabilité lui-même qui est mis en cause par son développement excessif. La responsabilité sans faute n'a pu en effet voir son usage renforcé que dans la mesure où les personnes désignées comme responsables pouvaient assumer la charge financière de cette désignation grâce au développement parallèle des contrats d'assurance. Or, le bon fonctionnement du secteur des assurances dépend de la possibilité de définir de manière relativement précise des classes de risques et de développer une connaissance statistique correcte des probabilités d'occurrence de ces risques. Dans un environnement trop incertain, quant aux risques et quant à l'imputation de la responsabilité, l'assurance devient difficile, voire impossible. L'effet produit est alors imparable : c'est à la fuite des assureurs que l'on assiste. Aux États-Unis ainsi, dès le début des années 70, ils ont, dans le domaine médical, augmenté les primes, rétréci la couverture, abandonné les couvertures à long terme ou tout simplement renoncé à assurer les praticiens (obstétriciens ou neurochirurgiens en l'occurrence). L'assurance n'est pas, loin s'en faut, une entreprise de bienfaisance : les assureurs n'interviennent que s'ils y trouvent un intérêt financier. Ce qui, s'agissant de la gestion des « catastrophes », n'est pas prouvé...

C'est alors, indépendamment de toute réflexion fondamentale, sur la base d'une incapacité technique à perdurer que l'on peut critiquer l'évolution du droit de la responsabilité. Mais cette évolution aboutit de plus à la production d'un droit et d'une justice qui ne répondent plus aux exigences élémentaires qui devraient en guider la pratique. Deux critiques fondamentales doivent être apportées à ce stade aux conséquences juridiques de l'évolution du droit de la responsabilité : elle aboutit, en effet, d'une part à une très réelle instabilité juridique, d'autre part à une justice dont la qualité peut être considérée comme détériorée.

Sur le premier point, on peut considérer que les États-Unis vivent sans la certitude que deux affaires similaires recevront la même solution juridique. Les spécificités du système judiciaire américain peuvent expliquer cette situation. Mais c'est le principe même de la détermination au cas par cas du montant des indemnités à verser, et son application à des données.aussi peu monétisables que la détresse émotionnelle, la douleur morale ou la phobie du dommage, qui, par nature, conduisent à une telle instabilité. Il n'y a pas, en droit civil, d'automatisme de la sanction. On peut alors parler d'une véritable loterie, situation évidemment contraire au principe d'égalité devant le droit.

Plus généralement, se pose aux États-Unis, et pourrait se poser en France, le problème de la rétro-activité. La volonté d'indemniser à tout prix peut conduire en effet le juge à ne pas tenir compte de l'état du droit au moment de l'action en cause, soit que l'on souhaite indemniser le risque de développement (ce risque dont on ne pouvait, en l'état des connaissances, envisager la réalisation au moment de l'action et qui se révèle après coup), soit – ce qui s'est déjà produit – que l'on se livre à une lecture partiale d'un contrat. Il s'agit là d'un problème juridique fondamental : comment en effet développer un système de droit sur lequel, en fin de compte, on ne peut pas compter ?

Sur le second point, celui de la qualité de la justice, c'est le rôle pervers joué par les experts qui a pu être critiqué aux États-Unis. Dans les batailles que ces auxiliaires de la justice se livrent – et étant entendu que l'on peut toujours trouver aux États-Unis un expert pour défendre votre point de vue comme il en existe pour défendre celui de votre adversaire –, la justice n'est plus un instrument de révélation de la vérité mais de distribution d'indemnités.

Pour conclure, les risques ainsi décrits d'un développement continu de la responsabilité sans faute ne sont pas seulement théoriques. Ils se précisent d'autant plus que d'aucuns pourraient considérer l'évolution du droit telle qu'on l'a analysée, non seulement comme souhaitable, mais aussi comme inéluctable parce que répondant à la demande d'indemnisation qui se fait toujours plus pressante et qui prend des proportions toujours plus importantes à l'heure où se multiplient les « catastrophes », ces dommages dont les conséquences financières sont extraordinairement lourdes et où l'imputation de la responsabilité est particulièrement difficile à réaliser. C'est pourtant contre la tentation de cette pente et pour montrer que ce mouvement n'a rien d'irrépressible que l'on souhaiterait se manifester. Il faut commencer, pour cela, par constater l'existence de contre-courants.

À rebours

La responsabilité sans faute aboutit à la mise en place d'un système d'indemnisation : il n'est plus question, en réalité, de responsabilité au sens courant du terme. Les justiciables semblent finir par en éprouver un sentiment d'insatisfaction, lorsque l'on assure aux victimes une compensation financière sans que soient désignés des responsables, sans que soient expliqués les faits. La gestion indemnitaire des dommages ne suffit pas. La société est ainsi traversée de courants – l'indemnisation objective – et de contre-courants – la responsabilité du sujet libre.

À la recherche du responsable. Les exemples ne manquent pas, parmi les plus marquants de notre actualité récente, d'une recherche, à la fois justifiée dans son principe mais parfois exacerbée dans sa forme, de désignation officielle, par le juge, de responsables. À côté d'une objectivation toujours plus grande de la responsabilité, on assiste ainsi à une personnification toujours plus prononcée des explications que l'on souhaite donner aux drames qui perturbent notre existence. Comme si, à l'encontre de l'impression donnée par l'évolution du droit de la responsabilité civile, chaque événement malheureux devait nécessairement s'expliquer par une faute commise. Comme si, à l'encontre de l'idée selon laquelle il faut soulager la douleur quand bien même on ne peut expliquer les faits, il fallait toujours pouvoir comprendre et dire quelle est la cause – humaine – des dommages produits. Comme si la désignation d'un responsable économique – celui qui peut assumer financièrement le dédommagement – ne suffisait pas pour apaiser les victimes.

On peut en prendre quelques exemples, parmi les plus médiatiques.

Juin 1988 : un train fou arrive en gare de Lyon et en percute un autre rempli de voyageurs (56 morts et autant de blessés). La responsabilité civile de la SNCF est aussitôt admise et les victimes indemnisées. Mais c'est devant le juge pénal que seront discutées les responsabilités personnelles. Elles ne font pas de doute : les erreurs, voire les fautes, se sont accumulées. En revanche, la responsabilité de la SNCF est écartée. Quant aux décisions prises par le juge à l'encontre des quatre inculpés (trois préposés de la SNCF et une voyageuse qui a tiré abusivement sur la sonnette d'alarme), elles frappent par leur violence. À propos du conducteur : « Vous n'avez pas l'étoffe d'un conducteur de train. C'est uniquement par votre incompétence que vous avez transformé un train sage, obéissant, en parfait état de marche, en un train fou et meurtrier [...]. Vous êtes un homme buté [...]. » Quant à la voyageuse – dont on notera qu'elle n'avait probablement pas été la seule à actionner la sonnette, mais qu'elle seule s'était présentée spontanément devant la police –, il lui est annoncé qu'elle devra assumer la responsabilité de l'accident « jusqu'à la fin de [ses] jours [12] ». On peut trouver le propos un peu rude.

Mai 1992 : le drame du stade de Furiani (17 morts et 2 357 blessés). Les responsabilités personnelles – des ingénieurs chargés de la construction de la tribune et de son contrôle, des responsables sportifs qui ont organisé la rencontre et prévu, dans la précipitation et dans leur seul intérêt financier, la construction de cette tribune – ont été démontrées et ne peuvent être contestées. Les peines prononcées en mars 1995 sont d'ailleurs importantes. Mais les victimes ne se satisfont pas de voir les autorités administratives (maire, préfet...) disculpées : elles veulent que toutes les responsabilités soient établies et exprimées par le juge. Elles refusent l'anonymat de la compassion commune. Elles rejettent l'ombre du « ce sont des choses qui arrivent ».

1991 : l'affaire du sang contaminé est révélée. On ne va pas refaire ici l'analyse des procès qui l'ont accompagnée [13]. Simplement constater que le vote en 1991 d'une loi d'indemnisation n'a pas eu pour effet d'y mettre un terme. On a pu dire un temps que ces procès, jugés nombreux en France par rapport à ce que connaissaient nos voisins européens, s'expliquaient par la lenteur du processus d'indemnisation. Mais cette explication ne peut aujourd'hui être considérée comme satisfaisante puisque les procès continuent, tant au civil qu'au pénal. Double procès même pour les responsables déjà jugés en octobre 1992 en première instance, les victimes ayant obtenu en juillet 1994 de pouvoir engager une nouvelle procédure pour les mêmes faits. Attente du procès pour les hommes politiques dont la responsabilité pénale doit être jugée. Volonté dans les deux cas de désigner les personnes responsables. Acharnement – justifié encore une fois – à vouloir expliquer les faits et punir les coupables. Et possibilité de parler d'acharnement quand, à l'encontre des principes juridiques les plus fondamentaux, on souhaite pouvoir juger deux fois les mêmes personnes pour les mêmes faits. Quand, s'agissant des responsables politiques, on cherche à personnifier une responsabilité globale impersonnelle, qui est celle du système administratif.

Ces exemples ont pour point commun de mêler des responsabilités personnelles – parfois criminelles – à la mise en cause d'un système ou d'une organisation. Les victimes se trouvent face à un entrelacs de responsabilités. Or, c'est en partie pour répondre à cette difficile identification des responsabilités personnelles que la notion de responsabilité sans faute a été utilisée. Seulement, les victimes ne semblent pas vouloir se contenter de la compensation financière : elles souhaitent pouvoir comprendre le déroulement des faits. Ce que, d'après l'usage, la responsabilité sans faute ne semble pas permettre. Bien au contraire, les victimes semblent avoir le sentiment qu'en assumant une indemnisation les personnes dites responsables se dédouanent sans s'amender, sans amender en tout cas leur comportement.

De fait, dans tous ces procès que l'on a évoqués, les victimes disent avant tout vouloir s'opposer au silence entourant les responsabilités. On ne se trouve donc pas à proprement parler dans une logique de bouc émissaire. On est certes tenté par cette notion lorsque, s'agissant de responsabilités collectives, on voit les victimes s'en prendre à des individus. Mais c'est moins l'expiation que l'explication qui est recherchée, comme s'il fallait trouver une réponse à un principe d'impunité que la responsabilité objective et pécuniaire ne vient pas contredire. Par l'engagement d'une responsabilité sans faute, en effet, on fait l'économie de la recherche de la vérité, de l'imputation, en supposant que les victimes aspirent en premier lieu à la réparation : on ne se donne pas les moyens d'expliquer les faits, on renonce à la fois à l'analyse et à la réforme. C'est une forme d'abdication, louable du point de vue de la seule réparation, éventuellement utile lorsqu'il s'agit de gérer des risques que l'on ne sait pas prévenir, perturbatrice en revanche lorsqu'elle tend à devenir automatique et à permettre de ne pas soulever la question de la faute. Le retour de balancier peut sembler violent : il n'en est pas moins, dans une certaine mesure, logique.

En d'autres termes, on peut considérer qu'en s'appuyant trop souvent et inopportunément sur la responsabilité civile objective le juge invite en réalité la victime à se retourner vers d'autres responsabilités.

Le report des responsabilités. C'est en l'occurrence vers la responsabilité pénale et celle des hommes politiques que se tournent les justiciables.

La distinction entre responsabilité civile et responsabilité pénale répond certes en partie à celle qui sépare la réparation de la punition : une responsabilité civile cherchant à faciliter l'indemnisation ne serait donc que très normale, la responsabilité pénale, et son éventuel renforcement, permettant d'équilibrer le dispositif par une recherche plus fouillée des responsabilités personnelles. Toutefois, toutes les fautes ne constituent pas des délits, toutes les fautes ne sont donc pas pénalisables. Toutefois encore, la séparation du pénal et du civil recouvre un processus technique, artificiel, de répartition du travail pour la justice. Ce processus est sans doute trop éloigné des préoccupations courantes. À leur niveau, on ne peut que très difficilement comprendre que celui dont les agissements permettent d'expliquer le dommage ne soit pas celui qui ait à en assumer la charge. On ne voit pas surtout pourquoi l'assomption de la charge serait déterminée indépendamment des responsabilités factuelles.

Cette impression de bon sens se justifie d'ailleurs par la triple fonction du droit civil qui, certes, recherche la réparation, mais également la sanction et la prévention. On peut penser que l'insatisfaction née des décisions rendues au civil, parce que l'indemnisation y est assurée sans que soit recherchée l'explication, sans que soient donc *imputées* les responsabilités, explique au moins en partie l'espèce d'acharnement que l'on rencontre par ailleurs à la désignation d'un responsable. Comme si, à force d'avoir voulu éviter le débat quant à cette imputation, à force d'avoir considéré que les justiciables souhaitaient n'être qu'indemnisés, à force d'avoir objectivé les conflits, de les avoir dépersonnalisés, on avait créé un véritable appel d'air. Or, la pénalisation des relations humaines n'est peut-être pas la solution la plus profitable pour une société, tant elle est stigmatisante, tant elle en désigne le mauvais fonctionnement.

Que dire de même de la focalisation de l'intérêt, dans l'affaire du sang contaminé notamment, sur les responsabilités politiques, ou plus exactement sur la responsabilité des hommes politiques ? Certes, l'État est fortement impliqué dans cette affaire, puisque ce sont ses services qui sont en cause. Certes, la responsabilité politique est par nature totale, globale : en acceptant les charges qui sont les siennes, l'homme politique accepte d'assumer la responsabilité de tous les événements qui se produisent pendant la durée de son mandat. Il est responsable par nature, par fonction. Mais, en l'espèce, ce n'est pas la responsabilité politique des hommes concernés qui est mise en jeu, la seule que l'on puisse qualifier de totale : dans les procès qui se préparent, c'est à leur responsabilité pénale que l'on s'intéresse. Or, leur implication n'étant pas directe, il semble optimiste d'attendre de l'analyse de leur comportement l'explication du drame à laquelle les victimes aspirent. Bien plutôt, on peut penser que les accusations que l'on porte contre ces hommes, précisément parce qu'ils occupaient les postes les plus élevés, constituent un ultime recours pour exprimer son désarroi et faire jouer à la justice, cette fois, un rôle avant tout expiatoire.

La responsabilité qui est recherchée là ne sert que de substitut. Le transfert se fait à un double niveau : d'abord en direction des hommes politiques, du fait des fonctions qu'ils assumaient au moment des faits, ensuite de la responsabilité politique – qu'il est logique d'associer à ces fonctions – vers la responsabilité pénale.

Au total, ces forts mouvements de balancier entre une responsabilité civile objective et une responsabilité pénale personnalisée sont précisément trop forts pour que l'on puisse parler de sain équilibre. D'autant que le droit pénal est lui-même imprégné, on l'a vu, d'un souci purement indemnitaire. On doit en fait évoquer un réel dérèglement, donnant à voir un droit schizophrène, souhaitant déculpabiliser d'un côté pour ne viser que l'indemnisation, mais inculpant de l'autre avec d'autant plus de vigueur. Cette situation déréglée peut ne pas sembler satisfaisante. On peut alors revenir sur la question initiale que l'on s'était posée (la responsabilité sans faute peut-elle servir à résoudre les problèmes de responsabilité que nos sociétés modernes se posent?) et y répondre par la négative.

Les inadaptations du droit

La responsabilité civile s'est toujours adaptée aux besoins nés de la modification des conditions de la vie en commun. Or, ces conditions ont encore évolué : pour le dire rapidement, le monde est devenu encore plus dangereux (pour l'homme) et vulnérable (à l'homme). Dans ce contexte, certains pensent que l'évolution du droit civil de la responsabilité offre une réponse à la fois prévisible et adaptée.

Nouveaux risques, nouvelles responsabilités. Face à un monde conçu comme de plus en plus dangereux, on peut considérer en effet comme légitime l'attitude des victimes, en quête de réparation. L'évolution du droit de la responsabilité est en grande partie liée à la révolution industrielle. La complexification de l'agir humain, son contenu de plus en plus technique, son intensité de plus en plus grande ont multiplié les chances d'avènement de dommages tout en rendant l'imputation de la responsabilité plus incertaine, tant les facteurs explicatifs interviennent nombreux et de manière combinée. Parallèlement, le développement de l'assurance a permis d'assumer la réparation de ces dommages en en répartissant la charge par un mécanisme de mutualisation.

Aujourd'hui, c'est à une nouvelle génération de risques et d'accidents que l'on est confronté. François Ewald parle à ce sujet d'un « retour des catastrophes ». Il cherche ainsi à rendre compte de ce sentiment de « vulnérabilité » qui saisit les habitants de ces pays où la technique à la fois rend service et crée de nouveaux dangers. En réalité, cette « vulnérabilité » recouvre trois aspects. Les deux premiers tiennent à l'apparition objective de nouveaux phénomènes, considérés dans un cas du point de vue de l'homme (et des dangers qu'il encourt personnellement), dans l'autre cas du point de vue de la nature ou du monde, conçu lui-même comme vulnérable face au développement de l'agir humain. Le troisième aspect tient à l'appréhension, toute subjective, des risques que nous sommes amenés à affronter.

S'agissant des nouveaux risques, il faut mettre l'accent sur la notion de changement d'échelle. Il s'agit là d'un effet quasi mécanique des progrès techniques : la probabilité d'avoir à subir un dommage diminue, mais, si le dommage se produit effectivement, les conséquences sont considérablement plus importantes que dans un environnement technologique moins développé. Pour reprendre un exemple cité par Orio Giarini, secrétaire général de l'Association internationale pour l'étude de l'économie de l'assurance, c'est toute la différence qu'il y a entre des accidents de carrosse fréquents mais aux dégâts limités et des accidents d'avion beaucoup plus rares mais beaucoup plus dommageables.

Le domaine dans lequel l'apparition de ces risques nouveaux est le plus évident se rapporte à l'environnement : couche d'ozone, effet de serre, pollution, les exemples ne manquent pas. C'est bien sûr pour cette raison que la question de la vulnérabilité de la nature a pu être posée. Car ce n'est pas seulement l'homme qui est en cause, mais les conditions de viabilité de l'espèce humaine considérée dans son ensemble et, plus largement encore, l'avenir de la nature, indépendamment même de la présence de l'homme sur terre. L'agir humain est devenu à ce point puissant qu'il dispose en quelque sorte de l'avenir de la nature.

Enfin, et c'est là que la dimension subjective intervient, l'appréhension que nous avons des risques encourus et notre sensibilité au dommage subi ont eux aussi changé de nature. Il y a pour une part un effet d'optique : les progrès techniques, en même temps qu'ils augmentent les risques, en améliorent la connaissance, nous permettent de les mesurer et de les observer là où ils n'étaient jusque-là pas même déterminés. Mais, plus encore, c'est la notion de risque acceptable, le niveau « normal » de dommages subis d'une part, et la conscience que nous avons de la responsabilité que nous souhaitons assumer d'autre part qui ont évolué. Ainsi, il semble que nous considérions de plus en plus naturel d'assurer l'indemnisation des dommages subis et que nous estimions aussi légitime d'avoir à penser les risques que comporte inévitablement toute innovation, et dès lors d'assumer la responsabilité des conséquences d'un acte qui, au moment où il se déroulait et compte tenu des connaissances d'alors, avait été considéré comme inoffensif. C'est le problème du « risque de développement », que d'aucuns voudraient voir pris en charge par notre système de responsabilité civile.

Face à ces nouveaux risques, les victimes ont donc revendiqué un accès plus facile à l'indemnisation. Et c'est visiblement un sentiment de compassion qui a guidé l'attitude des juges : la réparation semble être un juste mouvement de compensation. Ou, pour le dire autrement, s'exprime un besoin de sécurité et, à défaut, de prise en charge par la communauté des effets de l'insécurité avérée.

En réalité, cette revendication révèle une certaine ambiguïté des attentes du public. Ambiguïté d'abord vis-à-vis de la technique. Ce sont, on vient de le voir, les progrès techniques qui créent objectivement la vulnérabilité dont il est ici question et qui alimentent, jusqu'à l'imaginaire, le sentiment de vulnérabilité. Mais ce sont ces mêmes progrès techniques qui inspirent – en le rendant envisageable – le besoin de sécurité. Prenons le cas de la médecine. La sensibilité des gens est en effet ici particulièrement aiguisée : c'est de la vie de chacun dont il est question. Mais c'est seulement parce que le patient était précisément en danger et qu'il avait de ce fait pris la décision de s'en remettre à la médecine que celle-ci est intervenue : le malade était donc, en tout état de cause, en situation de subir un dommage. Dans ce contexte, le médecin peut certes faillir. Mais il ne serait auparavant jamais venu à l'esprit de nos concitoyens, en l'absence de faute prouvée, de considérer que du dommage constaté naissait un droit à réparation. L'attitude des patients n'est de toute évidence plus la même aujourd'hui. Alors que la médecine est de plus en plus efficace, on est, vis-à-vis d'elle, de plus en plus exigeant. Mais c'est précisément parce que les progrès de la médecine font rêver à une maîtrise parfaite de la vie que l'on envisage un système où la sécurité serait parfaitement assurée. Ce qui, en l'occurrence, est déplacé : l'homme reste mortel. Mais on demande en quelque sorte au droit de suppléer à la technique médicale lorsque celle-ci échoue. Le droit est supposé, en tout état de cause, pouvoir compenser les conséquences de la catastrophe.

Ce besoin de compensation n'est pas contestable. Il correspond effectivement à l'image d'un droit humaniste. Il répond aussi à la prise en compte du rôle que joue l'homme dans le déroulement des événements : le progrès technique fait donc peur – à juste titre –, mais il impose aussi à l'homme d'assumer davantage ses responsabilités, il réduit la place accordée au destin, c'est-à-dire à l'inexplicable.

Mais précisément, cette emprise de la technique sur la relation de l'homme à l'événement conduit à ajouter au besoin de compensation un besoin d'explication. Ce que le droit de la responsabilité sans faute ne permet pas. Celle-ci en effet vise, on l'a vu, l'indemnisation. Elle correspond à un état du développement technique dans lequel les petits dommages mécaniquement – statistiquement – liés à l'activité humaine peuvent être pris en charge par la communauté grâce à un système d'assurances. Mais permet-elle de réparer les risques majeurs dont il est ici question, ce que certains juristes soutiennent [14] ? Le permet-elle financièrement ? Et permet-elle de répondre au besoin d'explication qu'expriment les justiciables ? On peut en douter.

Un droit inefficace. Le recours à la responsabilité sans faute repose en fait sur un mécanisme d'auto-justification du droit aujourd'hui critiquable. La responsabilité sans faute n'était en effet à l'origine qu'un outil juridique, permettant à la victime d'être indemnisée quand l'imputation des responsabilités était effectivement impossible à réaliser. Or, on peut considérer qu'un usage systématique de cet outil tend à en faire une fin en soi. C'est ce que semblent illustrer bien des commentaires portés sur l'évolution du droit. À en croire de fait nombre de notes et d'articles traitant de l'évolution de la jurisprudence et de la législation en matière de droit de la responsabilité, c'est toujours dans le sens du « progrès » qu'il faudrait analyser toutes les dispositions qui permettent de mieux indemniser les victimes d'un dommage. Comme si, sans se soucier de la cohérence du système que l'on construit, sans se préoccuper de l'effet que produisent sur le fonctionnement d'une société les décisions de justice, il s'agissait de grignoter toujours un peu plus sur le champ de l'agir humain les raisons d'obtenir une réparation, il s'agissait pour le droit de la responsabilité civile de s'autosatisfaire d'une extension toujours plus grande de sa capacité à produire cette réparation. Dans un mouvement d'autojustification, la responsabilité sans faute devient ainsi l'outil privilégié de gestion des relations intersubjectives. Parce qu'il simplifie le fonctionnement de la justice, en faisant l'économie de l'imputation, il deviendrait d'un usage de plus en plus courant. Ou, pour être explicite, face aux nouveaux risques que l'on vient d'évoquer, on aurait recours à cet outil déjà connu et maîtrisé, mais conçu pour résoudre d'autres problèmes, en évitant d'avoir à en imaginer un nouveau peut-être plus adapté. Le développement d'un simple outil semble devenir ainsi un objectif en soi, indépendamment de la question de son adéquation aux objectifs premiers.

Or, la responsabilité sans faute ne peut pourtant pas traduire le souci qu'expriment les citoyens de vouloir vivre dans un monde plus responsable, un monde constitué d'individus qui sauraient prendre les précautions permettant d'éviter la réalisation de dommages considérés comme inacceptables. Dès lors, notre droit civil de la responsabilité pèche par inefficacité. Cette inefficacité du droit a bien sûr été révélée avec la plus grande force à l'occasion de quelques affaires, dont celle du sang contaminé est sans doute la plus troublante. La gestion indemnitaire des dommages est apparue là dans sa dimension la plus scandaleuse, tant il semblait improbable que la responsabilité personnelle des individus concernés ne fût pas en cause. Or, c'est pourtant sur le thème de la responsabilité sans faute que tous ont organisé leur défense : les médecins en se plaçant, à tort, sur le terrain du risque de développement, en arguant de la mauvaise connaissance de la maladie au moment des faits, les politiques en considérant qu'ils ne pouvaient être au courant des risques que l'on faisait prendre aux hémophiles et aux transfusés. C'est sur le thème de la responsabilité sans faute que tous ont organisé leur défense, peut-être aussi parce que l'habitude en avait été prise en matière d'indemnisation des dommages, parce qu'il semblait bien difficile de rechercher les fautes, bien simple en revanche de se contenter de payer.

Or, ce sont précisément cette habitude et cette facilité que les victimes ont cessé d'accepter, tant elles étaient loin de répondre à leurs attentes. Il s'agissait pour elles de comprendre : ce qui supposait que soient déterminées les responsabilités personnelles réelles. D'éviter aussi que de telles catastrophes se reproduisent : ce qui supposait que soient analysés les mécanismes de prise de décision pour les réformer si nécessaire. Et cela, la responsabilité sans faute ne le permet pas.

Le droit dès lors est inefficace. D'abord parce qu'il ne parvient pas à apaiser les passions et n'autorise pas le retour à la paix sociale. On ne peut être que frappé à ce titre par l'insatisfaction que suscitent les jugements rendus dans les quelques affaires que l'on a évoquées plus haut. Ensuite, parce qu'il ne permet pas davantage de réaliser ce qui était pourtant affiché comme un objectif : la plus grande responsabilisation des acteurs.

Le troisième temps de l'histoire du droit de la responsabilité, telle que la décrit François Ewald, n'a de fait pas trouvé son instrument. Ce troisième temps est celui, on l'a dit, qui doit produire un comportement caractérisé par la précaution. Or celle-ci ne se réalise pas statistiquement en souscrivant un contrat d'assurance : elle s'exerce au quotidien dans la prise de décision. La responsabilité sans faute n'y incite donc pas, qui précisément se désintéresse des actes des responsables. La responsabilité sans faute et la solidarité, conçue comme une prise en charge financière des dommages causés, ne sont concevables que dans un univers où l'administration, la planification, l'automatisation, l'anonymat conviennent comme mode de gestion d'une insécurité modérée. Mais, dans un environnement de radicale incertitude, dans l'ère de la vulnérabilité, il n'est plus question d'administrer de manière impersonnelle : il s'agit de décider. Et en conséquence, si un dommage est produit, il ne s'agit plus de compenser, mais de comprendre pour, le cas échéant, réformer. Or, la responsabilité sans faute, loin d'inciter à l'action, anesthésie à la fois le sentiment de responsabilité (« ça n'est pas ma faute ») et la volonté d'agir (« à quoi bon prendre un risque ? »).

En clair, un usage trop systématique de la responsabilité sans faute risque à la fois de faire exploser, pour raisons financières, le dispositif et de produire une insatisfaction perturbante pour le corps social. Pour rendre responsable, il faut donc chercher d'autres voies juridiques.

II

VERS UNE AUTRE CONCEPTION
DE LA RESPONSABILITÉ

Ce droit qui ne répond plus aux attentes des justiciables, qui ne permet plus de guider les citoyens
dans leur recherche d'un comportement conforme à
ces attentes, qui ne débouche pas sur la responsabilisation des acteurs, reste pourtant défendu par de
nombreux juristes. Deux phénomènes permettent de
le comprendre, qui tous deux ressortent d'un process-
sus d'autonomisation du droit. Le premier revient à
considérer que ce que l'on a appelé l'*objectivation de
la responsabilité* civile ne constituerait qu'un sain
mouvement de retour au droit, là où la prise en
compte du comportement subjectif des individus
serait la conséquence néfaste d'une invasion du droit
par la morale. Le second phénomène revient à
constater que les limites des approches philosophiques
et politiques de la notion de responsabilité ont conduit
l'approche juridique à occuper de manière quasi
exclusive le terrain pratique de la résolution des

conflits de responsabilité, sans plus se préoccuper en réalité des liens qui doivent s'établir entre le droit et la morale.

Pour ouvrir la voie à des solutions susceptibles de rendre le monde responsable, il faut au préalable dénoncer les malentendus sur lesquels repose cette vision rigide d'un droit détaché de la morale, et rappeler que la notion de responsabilité ne peut être appréhendée en des termes uniquement juridiques.

Les leçons de l'histoire

S'agissant de la mise en œuvre de la responsabilité, deux questions se posent : qui est responsable et de quoi est-il responsable ? Qui est sujet de la responsabilité et quel en est l'objet ? Et quant à ce deuxième point, est-on responsable de ses actes ou de leurs conséquences ? Ou plus précisément, doit-on s'attacher avant tout à ce que l'on a fait de critiquable, ou à l'effet produit ? En d'autre termes, quel est le critère premier d'appréciation et sur quoi se fonde-t-on pour justifier une sanction ?

À ces questions, on peut faire correspondre les deux premières étapes du droit de la responsabilité civile : l'une *subjective* – c'est notre conception « classique », celle qui repose sur la faute et s'attache donc au comportement du sujet responsable –, l'autre *objective* – sur la base de laquelle s'est développée la responsabilité sans faute, à raison des dommages causés.

Or, si l'on en croit l'analyse historique qu'ont proposée certains auteurs, l'évolution du droit de la responsabilité dans le sens d'une plus grande objectivité ne constituerait en réalité qu'un retour aux sources du droit. La responsabilité civile aurait d'abord été conçue, si l'on se reporte à la tradition romaine, comme une responsabilité objective, engagée à raison des dommages causés. Michel Villey [15] rappelle ainsi que « responsable » vient de *respondere,* « répondre de », et *spondere,* « s'engager, se tenir garant ». À raison des charges qui sont les nôtres, de nos responsabilités dans la cité, nous nous devons de réparer les dommages causés. C'est un droit réparateur et non sanctionnateur. L'obligation à laquelle répond notre responsabilité n'est pas liée à un comportement fautif – on n'en recherche pas en tout cas la qualification –, mais au « désordre jeté dans les relations entre plusieurs personnes ».

Lorsque le droit romain prend en compte la faute – c'est-à-dire le comportement passé de la personne responsable –, c'est qu'un crime a été commis (on se trouve donc dans la sphère de notre droit pénal) ou qu'un contrat avait été passé entre le responsable et la victime (et que la bonne foi des parties, sur laquelle il reposait, a été trompée). On ne cherche pas à réparer un dommage objectif, mais à faire le bilan du passé, de nos actes et des intentions qui les ont motivés. On ne s'intéresse plus aux effets mais à notre volonté. Le critère d'appréciation de la responsabilité n'est alors plus objectif mais subjectif. La transcription de cette responsabilité subjective serait donc née de la transposition en droit d'une conception morale. Ce que d'aucuns estiment concevable en droit pénal, mais incongru en droit civil, ce dernier étant considéré comme avant tout réparateur.

Pour autant, la séparation entre le pénal et le civil, dans les relations qu'ils sont censés entretenir avec la morale, seul le premier pouvant légitimement s'en prévaloir alors que l'autre ne devrait pas avoir à traiter de l'idée de faute, relève en réalité d'une construction tout aussi théorique. Étymologiquement d'abord, il faut rappeler que s'il y a *spondere* dans responsabilité, notion juridique et savante, il y a aussi *habilis,* notion sociale et courante, qui renvoie à l'idée du comportement de l'homme en société. Conceptuellement ensuite, la responsabilité fait intervenir des référents divers : ceux qui en font un instrument juridique, mais aussi ceux qui en font une notion morale. Certains voudraient la voir simplifiée, séparée de quelques-unes de ses composantes pour en faire un instrument juridique épuré : c'est mal la comprendre. Historiquement enfin, cette tentative de justification de l'évolution du droit par un retour à une notion juridique épurée de la responsabilité repose sur une série de malentendus concernant le concept de droit objectif. Malentendus qu'il convient d'énoncer.

Objectivité du droit et comportement du sujet. Le développement de la responsabilité sans faute se traduit dans nos sociétés par un désintérêt pour le comportement du responsable : l'objectivité qui est alors en cause est celle que l'on attache à la matérialité du dommage, dans un mouvement qui conduit à l'oubli du sujet responsable. Le point de vue exclusif que l'on retient est celui de la réparation, celui qui permet de toujours mieux indemniser. C'est pourquoi on a pu logiquement passer de la présomption de faute (où l'on considère que l'existence du dommage est nécessairement liée à la commission d'une faute dont la victime n'a dès lors pas à apporter la preuve) à la prise en compte du risque (où aucune faute n'est envisagée puisque la réalisation du dommage est un produit automatique, indépendant du comportement des individus) : c'est là en effet le moyen de faciliter l'indemnisation des victimes. Dans notre droit, on situe donc présomption de faute et risque sous le même signe de l'objectivité, entendue du seul point de vue du dommage qui, de fait, a objectivement eu lieu.

Mais on ne peut alors affirmer que notre droit dit « objectif » est lié au respect de la tradition juridique née à l'époque romaine. Dans le droit romain, en effet, la rupture s'établit entre la présomption de faute et le risque. Or, avec la première, on continue en réalité de prendre en compte le comportement de la personne responsable puisqu'on estime que sa vigilance et sa diligence auraient dû permettre d'éviter la réalisation du dommage. C'est à l'attente légitime que suscite l'intervention d'un professionnel que ces droits anciens font référence explicitement. Le droit romain établit en fait une distinction entre le *dolus,* qui est une injustice à la fois consciente et volontaire, notre faute classique en somme, et la *culpa,* qui se réfère à l'acte lui-même, comme un fait dont on ne peut imputer la responsabilité de manière évidente, soit que cette imputation soit difficile, soit qu'elle soit impossible, mais qui, dans certains cas, traduit un comportement qui ne satisfait pas aux normes sociales établies. Avec la *culpa,* on est certes dans la sphère de l'objectivité, au sens où l'intention n'est pas coupable et n'a pas à être prise en compte, mais d'une objectivité qui n'est pas totalement indifférente, étrangère à la maîtrise par l'homme de son agir. Lorsque, en revanche, cette maîtrise n'existe pas, comme c'est le cas avec la force majeure et le cas fortuit, la responsabilité est totalement écartée. Le risque, en somme, ne donne pas lieu à traitement juridique.

Il n'y a pas, à proprement parler, de responsabilité sans faute. L'absence de faute conduit à l'absence de sanction : il y a là l'idée de risques collectivement assumés et dont la réalisation ne doit pas peser sur une seule personne. L'occurrence du risque, qui est mécaniquement liée à l'activité elle-même et indépendante des personnes qui en assurent l'existence, est acceptée, considérée comme normale.

Objectivité du droit et automaticité de la sanction. Si l'idée d'un droit objectif ne suppose donc pas la mise à l'écart du comportement des individus, elle impose en revanche une certaine automaticité dans l'établissement de la sanction. L'objectivité doit se traduire par une manière, mécanique, de rendre la justice.

C'est bien ce que traduit le droit romain, qui jouit en l'occurence d'une réelle cohérence. Il lie en effet responsabilité objective (la responsabilité est engagée à raison des dommages créés) et établissement d'une liste des situations dans lesquelles elle peut être ainsi engagée. Il s'agit donc de réparer les dommages nés du non-respect des normes de droit instituées : le caractère purement juridique de cette responsabilité s'inscrit dans cette notion de légalité. D'un côté on ne tient effectivement pas compte de la volonté du responsable, de ses intentions, on ne recherche pas les fautes éventuellement commises – ce qui conduit à étendre la notion de responsabilité –, par ailleurs, on limite l'engagement de cette responsabilité à des cas déterminés *ex ante*.

C'est l'absence d'une telle limite qui conduit à parler, s'agissant du droit moderne, des « dérives » de la responsabilité objective. On garde là l'idée d'une responsabilité engagée à raison des dommages produits, c'est-à-dire engagée très facilement, mais on oublie que cette extension de la responsabilité est historiquement associée à l'idée d'une casuistique de la responsabilité, qui permet au contraire de la limiter. Bien plus, on préserve deux éléments qui caractérisent en réalité la responsabilité pour faute : la subjectivité (du responsable conçu comme personne globalement mise en cause, et de la victime comme inspiratrice de la pitié) et l'universalité (de la responsabilité, qui peut être engagée en toutes circonstances). Là où étaient initialement séparés, d'une part, un jugement moral et global, mais qui ne prend en compte que les agissements conscients du responsable, considéré comme une volonté libre (le droit classique de la responsabilité pour faute), d'autre part, un jugement au cas par cas et non universel, qui tient compte de l'effet objectif des agissements du responsable, conscient ou non des dommages qu'il peut causer, mais dans le cadre de règles connues et clairement énoncées (le droit antique de la responsabilité), on dispose aujourd'hui d'un système faisant intervenir un jugement global sur les effets particuliers d'un acte dont le responsable n'a ni forcément conscience ni forcément connaissance en tant qu'acte répréhensible.

C'est ainsi que l'on en arrive à vouloir réparer l'irréparable, comme l'est la perte de la vie. Quel prix, en effet, donner à la vie ? On peut certes évaluer les revenus perdus du fait de la disparition d'une personne pour ses proches, mais sur quels critères objectifs ? En réalité, c'est bien sûr l'émotion que suscite la victime, quand le dommage prend de telles proportions, qui explique le développement de la responsabilité sans faute. Mais « objectivement », le dommage ne peut être réparé.

À un premier malentendu, qui consiste à penser que l'objectivité suppose que l'on minimise jusqu'à l'oublier le rôle accordé au comportement, s'ajoute donc un second, qui conduit à méconnaître l'incompatibilité qu'il y a entre objectivité et compassion. Deux malentendus qui empêchent en vérité de considérer la responsabilité sans faute telle qu'elle apparaît devant nos tribunaux, comme une notion juridique fiable. Deux malentendus qui tiennent encore une fois à un problème de frontière : celle qui devrait séparer risque et responsabilité, là où l'on a tenté de les réunir. Car la notion même de responsabilité ne repose-t-elle pas, en effet, sur l'idée de normes – morales ou sociales – à respecter ? Le risque n'en est-il pas exclu ? Ne relève-t-il pas plutôt d'un choix collectif qui devrait d'une part être affirmé en tant que tel, par exemple par le législateur, et d'autre part se traduire par un système automatique de compensation ? C'est donc sans doute notre volonté d'inclure le risque dans le champ de la responsabilité qui nous a conduits à pervertir la notion même de responsabilité. Car si la réalisation d'un risque peut donner lieu à réparation, elle ne peut, par définition, être évitée grâce à un effort d'éducation. Ce qui, de nouveau, s'oppose à l'idée même de responsabilité.

Réparation et éducation : deux fonctions du droit. Le droit joue en effet un rôle social évident : il permet l'expression, l'explicitation des règles du vivre en commun. En ce sens, on ne peut considérer de manière exclusive la fonction réparatrice et la fonction éducatrice du droit.

On peut même estimer que la première, mise en avant dans la version dite objective de la responsabilité, est archaïque. Revisitée comme un progrès de l'humanisme dans le droit, la fonction réparatrice de celui-ci, c'est-à-dire sa capacité à soulager la douleur – ou le ressentiment – indépendamment de la prise en considération des circonstances et de la volonté du responsable, renvoie aux modes les plus archaïques de la gestion des relations sociales, tels que Paul Fauconnet avait pu en rappeler l'économie en 1920 dans son ouvrage, *la Responsabilité, Étude sociologique.* Il y explique que la responsabilité est fondamentalement définie à partir de la sanction, le responsable étant en réalité celui qui reçoit cette dernière, et le processus permettant de le désigner pouvant revêtir les formes les plus arbitraires (c'est le cas dans la vendetta), dès lors que cette désignation permet de donner cours à la violence de la société dans son souhait de voir l'ordre rétabli, pour lui permettre de s'affranchir d'une « irritation douloureuse ». Pour Fauconnet, la prévention ne constitue qu'une fonction secondaire de la peine, en même temps qu'elle en signifie le caractère plus élaboré. Car il faut aller au-delà de la simple sanction que l'on applique « à l'occasion [des] actes » si l'on veut « les expliquer pour arriver à les prévoir et à les modifier »[16].

Cette notion archaïque de la responsabilité est bien sûr toujours présente dans notre droit. C'est sans doute elle qui peut expliquer les excès que l'on cherche ici à dénoncer. Et pourtant, seule la fonction éducatrice peut satisfaire notre besoin de justice, répondre à la demande de responsabilisation toujours plus étendue que formulent moralistes, philosophes et citoyens réunis, et accomplir la notion de responsabilité, image juridique et sociale de notre liberté.

En fait, le droit de la responsabilité semble s'être trop rapidement détourné des fondements que pouvaient lui apporter les disciplines qui exposent et explorent la notion de responsabilité. Celle-ci se trouve être en effet au centre d'influences nombreuses : un traitement qui s'est voulu trop strictement juridique l'a vraisemblablement appauvrie en même temps qu'il la rendait, dans une large mesure, incompréhensible pour les justiciables.

Le difficile exercice de la responsabilité

Les excès du droit de la responsabilité peuvent s'expliquer par une certaine difficulté à rendre effectif l'exercice de la responsabilité et un certain cloisonnement des disciplines qui traitent de cette notion. L'affirmation peut paraître bien rapide, mais il reste utile, pour mieux dessiner les contours que devrait prendre un droit de la responsabilité plus efficace, de montrer à la fois les limites des approches non juridiques et la nécessité de réaliser un rapprochement entre ces dernières et le droit.

Responsabilité et morale. La responsabilité, associée à l'exercice de la liberté, est un concept philosophique. Le désir d'un comportement plus responsable, tel que l'exprime le commun des mortels, fait aussi l'objet d'une analyse fondamentale. L'évolution du droit de la responsabilité peut ainsi être éclairée d'une approche plus théorique.

C'est alors vers Hans Jonas, dont on peut dire qu'il a théorisé l'importance que l'on doit dorénavant accorder à la notion de responsabilité pour prendre en compte les potentialités – et notamment les potentialités destructrices – de l'agir humain [17], que l'on peut se tourner. Hans Jonas part d'une analyse de la relation de l'homme actuel au monde dans lequel il vit. Dans un enchaînement très logique, il évoque le changement de nature qu'a connu l'agir humain, dont les potentialités sont aujourd'hui bien sûr considérables, mais surtout touchent à la vie elle-même. De là naît un sentiment, une impression de maîtrise totale de son avenir et de son environnement par l'homme, impression qui conduit à évoquer un monde vulnérable, et vulnérable du fait de l'homme. Mais cette impression de maîtrise n'en est pas moins trompeuse, le pouvoir de l'homme étant certes immense, mais son savoir sur ce pouvoir et surtout sur ses effets étant en revanche bien plus limité. C'est en réalité cet écart entre un pouvoir absolu et un savoir limité qui crée la vulnérabilité du monde et le climat d'incertitude qui sont, aujourd'hui, le cadre de notre action. Cette dernière, ainsi contrainte, doit donc être régie par des règles, morales en l'occurrence, qui lui permettent de ne pas nuire au monde. Comme le dit Hans Jonas, « il se peut que l'incertitude soit notre destin permanent – ce qui a des conséquences morales [18] », que l'on peut traduire en termes de « prévoyance intelligente, couplée avec la simple décence à l'égard de notre postérité [19] » : fondé sur ce que Hans Jonas appelle « l'heuristique de la peur », cette peur de la destruction du monde qui doit orienter nos décisions, construit sur le modèle de la responsabilité des parents à l'égard des générations futures, le « principe responsabilité » devient donc directeur dans notre morale, comme guide donné à notre agir.

L'analyse de Hans Jonas est fondatrice pour comprendre le rôle nouveau que doit jouer la notion de responsabilité et la portée nouvelle qu'on doit lui accorder : responsabilité s'entend alors d'une responsabilité absolue et illimitée dans le temps. Or n'est-ce pas cette responsabilité que l'évolution du droit a tenté d'imposer ? On peut le penser, mais on peut penser aussi, comme les développements précédents y incitent, que le droit n'a pas été l'outil efficace de l'apprentissage de cette responsabilité. On ne relèvera que deux points pour achever de s'en convaincre.

La responsabilité sans faute s'est imposée comme une conception juridique, objective, indépendante de la morale. Or, Hans Jonas insiste au contraire sur le caractère forcément moral et donc subjectif du principe responsabilité. Il rejette une conception juridique fondée sur la seule réparation et qui ne ferait pas appel au « sentiment de responsabilité ». Il en dénonce même les risques, qui sont ceux de l'abstention : dans le cadre d'une conception juridique de la responsabilité en effet, « moins on fait de choses, moins on porte la responsabilité, et en l'absence d'obligation positive, éviter l'action peut devenir un conseil de prudence [20] ».

On débouche ainsi sur le second point : là où l'évolution du droit semble de fait inciter à l'inaction, Hans Jonas insiste surtout sur la nécessité d'agir : « Se tenir responsable par avance, même pour l'inconnu, c'est là, devant le caractère ultimement incertain de l'espérance, justement une condition de la responsabilité agissante : précisément celle qu'on appelle "le courage d'assumer la responsabilité". La peur qui fait essentiellement partie de la responsabilité n'est pas celle qui déconseille d'agir, mais celle qui invite à agir [21]. » La responsabilité face au risque inhérent à l'action ne consiste donc pas à s'abstenir d'agir : elle doit conduire à agir autrement, c'est-à-dire en modifiant les données de la délibération. Pourtant, Hans Jonas ne nous propose pas de solution technique pour faire vivre son principe responsabilité. On peut considérer même qu'il ne se soucie pas de faire entrer sur la scène publique la question de la responsabilité.

En fait, davantage qu'il ne nous propose des normes pour l'agir qu'il appelle de ses vœux, il s'arrête à la fixation de la « visée », du but ultime.

Surtout, il n'aborde ce dernier que sur le mode de l'évidence, en faisant appel au « sentiment de responsabilité », par l'intermédiaire de celui de la peur. Il admet d'ailleurs lui-même qu'existe un véritable problème instrumental pour donner vie au principe responsabilité : « Il n'est pas, nous dit-il, de recette unique, mais seulement de multiples voies de compromis qui, cas par cas, devront aujourd'hui et demain être cherchés en une vigilance de chaque instant [22]. » C'est de fait à une telle casuistique qu'il se livre lui-même, en s'intéressant à la technique, au génie génétique, à la médecine par exemple. En réalité, dès lors qu'Hans Jonas cherche à fonder la validité de son principe d'un point de vue métaphysique, il se place du côté de l'être et non de l'agir [23]. Il construit l'être auquel il aspire comme le sculpteur crée son œuvre : par retrait et non par ajout, en multipliant les interdits et en omettant les prescriptions positives.

La version juridique de la responsabilité, qu'il critique pourtant, semble en quelque sorte avoir occupé un terrain resté vide.

Responsabilité et politique. Autre lieu d'expression de la responsabilité, on peut aborder la question de la responsabilité politique, dont Hans Jonas fait d'ailleurs un prototype. Le terme « responsabilité » n'est d'ailleurs entré dans les dictionnaires qu'à la fin du

XVIIIe siècle pour informer la nouvelle organisation du pouvoir qui s'instituait. Naissait la « responsabilité du gouvernement », c'est-à-dire une responsabilité politique dont la spécificité est d'être particulièrement large, mais qui semble aujourd'hui manquer de structure institutionnelle et de référence culturelle pour s'exercer réellement.

La nature de la responsabilité que doit assumer l'homme politique est en effet à l'image de la charge qu'il accepte d'occuper : cette responsabilité doit être entendue de manière particulièrement large. L'homme politique, l'homme de pouvoir agit au nom de la communauté des citoyens, il engage les autres dans son agir : il se doit de rendre compte de tout ce qui se fait sous son autorité, il se doit d'assumer la responsabilité de tous les effets des décisions prises dans le champ de son pouvoir. Quand bien même il croyait bien faire, quand bien même ses intentions étaient louables, si les effets produits par une décision se révèlent néfastes, il se doit d'admettre que sa responsabilité est entière.

On voit bien la parenté que l'on peut établir entre ce concept de responsabilité politique et la responsabilité que les nouveaux risques évoqués plus haut conduisent à vouloir généraliser : une responsabilité objective, associée aux seuls effets de l'agir humain et indépendante de la prise en compte des intentions ; une responsabilité illimitée dans le temps quant au moment où ces effets se produisent.

On peut rappeler à ce titre que le « sentiment de responsabilité » est, selon Max Weber, l'une des « trois qualités déterminantes qui font l'homme politique [24] » et dont le défaut constitue l'une des « deux sortes de péchés mortels en politique [25] ». Pour cet auteur en effet, « l'honneur du chef politique [...], celui de l'homme d'État dirigeant, consiste justement dans la responsabilité personnelle exclusive de tout ce qu'il fait, responsabilité qu'il ne peut ni ne doit répudier ou rejeter sur un autre [26] ».

Que la responsabilité politique revête alors en principe un caractère d'absoluité n'est pas une nouveauté. Que cette spécificité trouve à s'exercer concrètement ne semble en revanche pas être véritablement le cas. Deux arguments sont avancés pour justifier un exercice de la responsabilité moins fréquent et moins rigoureux que sa définition aurait pu le laisser supposer.

Le premier confère à l'efficacité de l'action gouvernementale. Techniquement, dans un régime parlementaire, la responsabilité politique de nos hommes d'État se réalise d'une part dans l'élection (l'échec face au suffrage devant être interprété comme la sanction de cette responsabilité), d'autre part, pour ceux dont les fonctions ne sont pas électives, et donc notamment pour les ministres, dans la responsabilité du gouvernement devant le Parlement, représentant du Peuple. S'agissant de l'élection, elle est, par définition, épisodique : elle n'autorise donc qu'une responsabilité à éclipse. Quant à la responsabilité du gouvernement, on sait que la IIIe et la IVe République ont été en France le théâtre d'une déviation, cette responsabilité étant utilisée trop fréquemment et en dépit de sa raison d'être, donnant lieu à la multiplication déraisonnable des démissions et conduisant, partant, à la faiblesse de nos institutions. La Ve République devait avoir, entre autres, pour objectif de mieux réguler les relations entre pouvoir exécutif et pouvoir législatif, afin de renforcer le premier pour assurer une continuité plus grande à la conduite de la politique de la nation : on a parlé de rationalisation du parlementarisme. Il s'en est ensuivi des mécanismes très stricts d'engagement de la responsabilité du gouvernement devant l'Assemblée nationale[27], si stricts qu'en réalité le gouvernement n'a qu'à une seule occasion depuis 1958, en 1962, été amené à présenter sa démission du fait de l'intervention du Parlement. L'État a sans doute gagné en efficacité, et il n'est pas question ici de préconiser un retour à l'instabilité gouvernementale, telle que nous l'avons expérimentée jusqu'en 1958. Cependant, on doit constater que le principe de la responsabilité politique se trouve démuni en termes d'outil institutionnel permettant d'en assurer la mise en œuvre.

Le second argument qui explique un engagement finalement très rare de la responsabilité politique tient à la nature de plus en plus technique et complexe de l'action politique. On en déduit que le ministre ne peut avoir connaissance de toutes les décisions qui se prennent au niveau de l'administration dont il a la charge. On ne pourrait donc le tenir pour responsable de tout ce qui se fait dans son ministère, même si tout se fait sous son autorité théorique. Soit. Mais on admettra que cet argument conduit à nier la notion même de responsabilité politique et qu'il se révèle à ce titre moins acceptable que le premier. Car la responsabilité politique se soucie peu en réalité de savoir comment ont été prises les décisions, de désigner celui qui les a prises matériellement. Ce n'est pas, en effet, pour ce qu'il a fait de lui-même que l'homme politique est responsable : il l'est par nature. La sanction de la responsabilité politique ne touche d'ailleurs pas l'homme, mais seulement sa fonction : il suffit, pour le premier, d'abandonner la seconde. La responsabilité politique s'exprime par la seule démission.

Or, dès lors que les occasions institutionnelles de donner cette démission sont, comme on l'a vu, limitées, c'est à « l'honneur » de l'individu, pour reprendre les termes de Max Weber, qu'il faut s'en remettre. C'est à l'individu d'apprécier le moment où, ayant le « sentiment » que sa responsabilité est engagée, il se doit de démissionner. Mais c'est une culture de la responsabilité qui manque alors à nos hommes d'État. Revenons sur l'exemple qui peut, parmi ceux qui ont été ici évoqués, illustrer cette idée : celui de l'affaire du sang contaminé. Il n'est pas question de faire dans ce bref ouvrage, dont le propos n'est pas centré sur cette affaire, l'analyse précise des responsabilités engagées, mais simplement de formuler quelques remarques de bon sens.

La première concerne l'idée selon laquelle il y aurait eu une impossibilité technique à procéder à la mise en jeu de la responsabilité politique des ministres impliqués : le décalage temporel entre, d'une part, le moment où étaient réalisés les actes et prises les décisions conduisant à la naissance de l'affaire en question et, d'autre part, le moment où cette affaire était révélée était tel, en effet, que les personnes concernées n'exerçaient plus alors les responsabilités qui auraient pu justifier leur interpellation par l'opinion publique. Soit. On ne peut, il est vrai, reprocher à un Premier ministre et à des ministres de ne pas avoir démissionné, puisque, au moment où ils auraient pu le faire, ils n'étaient plus ni Premier ministre ni ministres.

Mais n'est-ce pas, finalement, entendre de manière limitée une responsabilité qui doit au contraire être des plus larges ? Et ne doit-on pas considérer que cette responsabilité politique étant absolue, ceux qui occupaient au moment de la révélation de l'affaire des charges publiques, même si elles étaient autres que celles assumées au moment des faits, auraient dû en démissionner [28] ? Ne doit-on pas considérer que l'affaire était suffisamment grave (faut-il rappeler qu'il s'agissait de la mort d'hommes par centaines ?) pour que ces autorités politiques signifient publiquement la reconnaissance de leur responsabilité politique ? Peut-être les procédures engagées depuis n'auraient-elles pas été arrêtées pour autant, mais du moins la responsabilité politique, qui devrait être particulièrement noble et exercée plus spontanément, aurait-elle été admise et offerte, en quelque sorte, très légitimement aux victimes. Ce qui n'a pas été fait. Moyennant quoi, un transfert s'est, comme très naturellement, produit, au profit de la responsabilité pénale des ministres. Or, celle-ci est une responsabilité juridique – inscrite, donc, dans les règles légales, c'est-à-dire encadrée, structurée, formalisée – et non une responsabilité politique.

Sur ce point, et pour conclure, il faut avancer deux remarques. La première est que le principe d'une justice égale pour tous, simple citoyen ou citoyen-ministre, a été très heureusement inscrite dans notre droit – même si l'on peut encore en critiquer certaines modalités – depuis la révision constitutionnelle du 19 juillet 1993. Les ministres, comme tout citoyen, ne sont en effet pas à l'abri de la commission de crimes ou de délits, même dans l'exercice de leurs fonctions : il n'y a dès lors pas de raison à leur accorder une justice spécifique, surtout lorsque celle-ci conduit, en pratique, à l'impunité. Mais – et c'est la seconde remarque – dans le cas d'espèce qui nous occupe, si la recherche des responsabilités pénales est légitime, on peut douter qu'elle débouche sur des condamnations : dès lors que l'on entre dans le champ du droit pénal, on retrouve une responsabilité limitée, à l'inverse de ce qu'il en est pour la responsabilité politique, limitée notamment aux agissements personnels, individuels des protagonistes concernés. Dès lors, l'argument de la technicité de l'action politique resurgit, et cette fois sans doute à meilleur escient : l'implication directe, effective, consciente, des ministres, en tout cas du premier d'entre eux, par définition plus éloigné encore de l'action, semble *a priori* difficile à envisager là où c'est en réalité le mécanisme de la prise de décision, les structures administratives et gouvernementales qui sont en cause. Autant d'explications anonymes, impersonnelles, que le droit pénal n'est pas à même de sanctionner s'agissant de l'intervention de l'État. Certes, on peut encore parler de responsabilité : de celle qu'évoque Hans Jonas lorsqu'il affirme, à bon droit, qu'une « claire délimitation du pouvoir ou de la compétence fait partie de ce rapport [de confiance] [29] » que suppose l'exercice de la responsabilité ; mais non d'une responsabilité juridique.

Finalement, la responsabilité politique supporte une définition très large, mais son exercice ne répond que très médiocrement aux exigences qui y sont attachées. On en appelle à « l'honneur », mais on n'a pas encore trouvé le moyen de l'inculquer. Or, c'est bien au droit que revient cette fonction éducatrice. C'est donc bien au niveau du droit – et notamment du droit civil puisqu'il permet de régler les conflits entre personnes privées et d'imposer les modèles de comportement et les règles du vivre en commun – que doivent être élaborés les dispositifs qui devraient permettre de rendre responsable.

Vers un nouvel âge de la responsabilité

L'évolution du droit de la responsabilité a été jusqu'à aujourd'hui pour le moins contrastée : elle donne cours d'un côté à une objectivation toujours plus prononcée d'une responsabilité conçue comme un outil de réparation, de l'autre à la recherche la plus farouche des implications individuelles. Peut-être la première tendance pourrait-elle être équilibrée par la seconde. Mais l'ampleur des effets de balancier, malsains du point de vue de la paix sociale, interdit en réalité de se contenter de cette solution. Elle présente de plus le très grand inconvénient de se réaliser dans l'obscurité du non-dit, quand les questions de responsabilité et d'assomption du risque sont au contraire au cœur des relations sociales et mériteraient, pour cette raison, d'être traitées à découvert, dans l'espace public du discours. Pour un monde responsable, tel que chacun semble y aspirer, il faut donc débattre de l'avenir du droit de la responsabilité.

Clarifier le droit de la responsabilité. Un assainissement du droit civil de la responsabilité ne se fera qu'au prix d'une clarification de ses objectifs. Le principe d'une séparation entre, d'une part, la démarche indemnitaire et, d'autre part, la recherche des responsabilités devrait à ce titre apporter une réponse satisfaisante aux écarts constatés dans la pratique actuelle du droit.

La notion juridique de responsabilité repose en effet sur une triple visée : la réparation d'une part, la sanction et la prévention d'autre part. Or, l'équilibre qu'il faut assurer entre ces divers éléments est fragile, dans la mesure où ils ne répondent pas à des considérations identiques et peuvent dès lors être portés par des mouvements centrifuges. Là où la réparation tend à vouloir s'exercer de manière systématique, à l'occasion de tous les dommages, les deux autres tendent au contraire à s'identifier à la recherche de la faute. Le point d'équilibre à trouver répond aussi à des critères économiques : il s'établit entre les disponibilités financières dont dispose la collectivité et le nombre de victimes à indemniser. On peut sans aucune difficulté admettre que cet équilibre est aujourd'hui rompu. L'inclusion du risque dans la sphère de la responsabilité en est le signe ultime. Mais si l'intrusion de la technique assurantielle dans le droit a conduit à ce déséquilibre, en facilitant la focalisation de l'intérêt sur les questions indemnitaires, on peut aussi y voir une occasion de clarifier les concepts, en retirant à la responsabilité sa fonction indemnitaire, de fait bien et mieux assurée par les mécanismes collectifs de réparation. S'achèverait ainsi un double mouvement qui conduit à considérer d'une part la réparation, sous le mode collectif de l'indemnisation, d'autre part la responsabilité, sous le mode individuel de la répression.

Cette proposition est en fait aujourd'hui défendue par les assureurs. Garants de la viabilité économique du dispositif, l'apparition des nouveaux risques puis l'affaire du sang contaminé n'ont fait qu'accentuer leur intérêt naturel à agir. Ils se sont notamment faits les défenseurs, depuis quelques années, d'une intervention du législateur pour régler les problèmes nouveaux de responsabilité que les juges sont amenés à traiter, pour aborder les questions difficiles de risque, de risque de développement ou d'aléa thérapeutique. En 1994, plus précisément encore, ils ont proposé, au cours d'un colloque organisé à l'Assemblée nationale sur les accidents médicaux, un projet clé en main, consistant à organiser l'indemnisation des accidents thérapeutiques sur la base d'une prime d'assurance intégrée dans les contrats multirisques garantissant la résidence principale, la recherche des fautes éventuellement commises étant assurée ensuite par la compagnie d'assurances concernée. Le principe de la séparation entre démarche indemnitaire et recherche des responsabilités présente de fait le très grand mérite d'éviter la confusion entre imputation des fautes et compensation du dommage. Il est donc susceptible de permettre la nécessaire clarification des relations qu'entretiennent les citoyens avec leur droit. Il ouvre une large porte à un ressaisissement du droit, afin que celui-ci cesse d'être tiraillé entre des extrêmes incompatibles et puisse jouer son rôle de mise à jour de la vérité et d'apaisement des relations sociales.

Cette solution avait d'ailleurs été envisagée, bien avant que les assureurs ne la soutiennent, par certains juristes. Geneviève Viney, dans *le Déclin de la responsabilité individuelle*[30], en énonçait les principes dès 1965. À cette date toutefois, les assureurs refusaient ouvertement de soutenir cette solution, pour les mêmes raisons qui les conduisent à la préconiser maintenant : des raisons financières. En 1965, en effet, le principe d'une prise en charge directe de l'indemnisation des risques par les assureurs, procédure parallèle et séparée de celle devant permettre l'imputation des responsabilités, semblait pouvoir se traduire par un coût jugé excessif par ces financiers. C'était avant le recours plus systématique à la responsabilité sans faute, avant la prise de conscience du caractère de plus en plus conséquent des indemnités à verser, avant, il faut le dire, l'affaire du sang contaminé. Aujourd'hui, les risques financiers sont devenus plus grands à rester dans le cadre légal actuel qu'à en proposer un nouveau.

Ce qu'envisageait Geneviève Viney pourrait être repris. Elle énonçait notamment trois règles devant permettre d'assurer un traitement égalitaire de tous les dommages et une séparation effective des deux démarches, indemnitaire et de recherche des responsabilités. Il faut d'abord interdire le droit à l'option, pour la victime, entre indemnisation collective (quand elle est prévue) et poursuite de l'auteur individuel du dommage : pour assurer la réparation, il faut se tourner automatiquement vers le système collectif d'indemnisation. Seconde règle, il faut que ce système collectif, dès lors qu'il entre en jeu, assure une réparation intégrale du dommage, indépendamment de la prise en compte des éventuelles fautes. On peut en revanche envisager des dommages qui ne peuvent en aucun cas donner lieu à réparation : c'est là affaire de normes collectives.

Enfin, la recherche des responsabilités individuelles, qui doit être envisagée comme obligatoire, peut se faire par un système de recours entrepris par la collectivité. La fonction de sanction et de prévention des fautes est donc la seule à être maintenue sous le signe juridique de la responsabilité.

Telle est, sans aucun doute, la solution vers laquelle il faut s'orienter si l'on veut préserver l'efficacité du droit, si l'on veut éviter aussi que les justiciables, comme la responsabilité sans faute les y invite, cherchent plus à se couvrir qu'à agir de manière responsable. Ce que l'on ne pourra élaborer sans effectuer par ailleurs un travail d'épure des concepts utilisés.

Élucidation des concepts. L'évolution du droit de la responsabilité s'est faite au prix d'une réelle confusion dans les termes utilisés. On en a vu, tout au long de ces pages, les traces multiples : malentendus sur la notion d'objectivité, responsabilité réduite à sa fonction réparatrice, risque inclu dans la notion de responsabilité.

En voici encore un exemple, pris dans le domaine médical. Le juge administratif a eu tendance à entendre très largement la notion de faute lourde, parce que, en l'état du droit, la responsabilité du médecin ne pouvait être engagée qu'à cette condition et que le juge souhaitait pouvoir indemniser les victimes. Dès lors, que le médecin n'ait pas en réalité commis une telle faute semblait pouvoir ne pas faire obstacle à une qualification erronée, pour ne pas dire détournée, des faits. Dans ses conclusions pour une décision importante du Conseil d'État du 10 avril 1992, le commissaire du gouvernement devait ainsi critiquer l'évolution du droit de la responsabilité dans le domaine médical, en dénonçant cette déqualification de la notion de faute lourde. Pour lui – et le Conseil d'État devait d'ailleurs le suivre –, la véritable solution juridique devrait consister à passer de la faute lourde à la faute simple, afin que la qualification des faits reste conforme à la réalité, parce que tel est le rôle de la justice. Les concepts utilisés dans le droit de la responsabilité (responsabilité, risque, aléa thérapeutique, faute) ont et doivent avoir une signification précise pour un bon usage et une bonne pratique de la justice et du droit. Comme l'écrit le commissaire du gouvernement, « dans l'État de droit, les mots ne doivent pas seulement être justes, il doivent être compris ».

On voit bien à cet exemple qu'existent des volontés et des tentatives de mettre fin à ces écarts de langage. Dans ce même arrêt, le juge explique aussi pourquoi on ne saurait passer, en matière de responsabilité médicale, sur le terrain du risque, hors cas très particulier : la gestion du risque, énonce-t-il, en faisant passer le système médical d'une obligation de moyens à une obligation de résultats, relève de la solidarité (et donc du législateur) et non de la responsabilité. La réalisation d'un risque n'est pas par définition, explique le juge, imputable à une personne. Dans un autre arrêt d'avril 1993, le Conseil d'État s'était de même, pour traiter de l'affaire du sang contaminé, placé sur le terrain de la faute, en excluant explicitement celui du risque ou plus généralement celui de la responsabilité sans faute[31]. Il effectuait à ce titre une séparation entre, d'une part, la logique d'indemnisation – en renvoyant à la loi de 1991, qui prévoyait elle-même la possibilité de recourir à une action en responsabilité – et, d'autre part, la logique de responsabilité – où il s'agit, hors du terrain de la solidarité, de rechercher les fautes.

On peut donc certes parler d'un effort de définition. Mais la démarche n'en demeure pas moins inaboutie. Le juge, en effet, reste encore à bien des égards contraint dans sa démarche conceptuelle par des considérations que l'on pourrait appeler d'opportunité. Prenons-en un exemple, tout aussi récent que ceux que l'on vient d'analyser, la concomitance temporelle témoignant des incertitudes de l'évolution en cours.

Le 9 avril 1993, dans son arrêt Bianchi, le Conseil d'État aborde ainsi la question du risque thérapeutique sur le terrain de la responsabilité sans faute. Il le fait en posant quelques limites et en tentant d'être précis dans la définition des termes. Le risque thérapeutique est ainsi défini comme le « risque dont la survenance est exceptionnelle au regard du risque habituel de traitement, sans lien avec l'état de santé antérieur de la victime et ayant des conséquences d'une gravité hors du commun ». Le juge se place alors sur le terrain de la responsabilité sans faute en ce qu'il y a en quelque sorte rupture de l'égalité puisque préjudice anormal. Il cherche par ailleurs à délimiter précisément les conditions d'engagement de la responsabilité sans faute, en précisant notamment que le préjudice subi doit être anormal, c'est-à-dire exceptionnellement grave et spécial (quant au nombre de victimes).

Mais, en réalité, le raisonnement du juge n'est pas à l'abri des approximations et des contradictions. Celui-ci l'admet d'ailleurs, qui reconnaît agir à titre supplétif et parce que le problème du risque thérapeutique n'a pas été réglé par le législateur. En fait, si le juge effectue un réel effort de définition, sa démarche n'en reste pas moins biaisée. Il ne se demande pas en effet, *in abstracto,* ce qu'est le risque thérapeutique. Il souhaite seulement déterminer s'il convient ou non de l'indemniser. Et les limites qu'il fixe ne sont pas celles qui découlent de la définition des notions utilisées, mais de la nécessité économique de ne pas tout indemniser. Il se place en réa-

lité du seul point de vue de l'indemnisation. Sa définition du risque thérapeutique s'en ressent d'ailleurs
et peut être contestée à ce titre : la spécialité du
dommage n'est ainsi évoquée que pour limiter les
cas d'indemnisation, alors que cette notion est en
réalité étrangère à celle du risque thérapeutique.
Celui-ci consiste en effet simplement à rappeler que
l'activité médicale fait constamment intervenir l'idée
d'une balance coût-avantage qu'il convient de
prendre en considération lorsqu'est impliquée la responsabilité du médecin. Le nombre potentiel de victimes n'est qu'un des éléments qui interviennent
dans cette balance : il ne touche pas à la substance
de la notion elle-même.

On peut craindre ce même biais économique
chez les assureurs. Que l'on songe ainsi au « projet
de loi » qu'ils ont déposé en 1994. On peut le lire en
effet comme une suite de restrictions : l'indemnisation de l'aléa thérapeutique (donc, indépendamment
de toute faute) ne serait assurée qu'en cas d'accident
grave (entraînant 50 % d'invalidité physique per-
manente) ; le montant de l'indemnisation serait
limitée à 2 millions de francs (et à 500 000 francs en
cas de décès) ; dans le cas des accidents sériels et s'il
était possible d'invoquer l'exonération du risque de
développement, l'État apporterait sa garantie financière. On ne débattra pas ici du point de savoir si
l'intervention des assurances privées est justifiée (il

est clair, en tout cas, qu'elle serait probablement rentable pour elles puisqu'elles la proposent spontanément) ou s'il ne serait pas préférable de voir le dispositif géré par les assurances publiques (la sécurité sociale, donc). Il convient en revanche de revenir sur la dernière restriction apportée par les assureurs aux possibilités d'indemnisation. On comprend là que les assureurs ne souhaitent pas assurer le risque de développement : par définition imprévisible, donc non susceptible de donner lieu à des calculs statistiques pour définir la prime d'assurance qu'il conviendrait d'instituer pour y faire face, le risque de développement ne serait pris en charge que pour autant que les assureurs en auraient les moyens. Là encore, le point de vue économique prime, ce qui n'a rien d'étonnant ni de scandaleux venant d'intervenants privés. Mais il devient fort critiquable lorsqu'il peut conduire à travestir la réalité, en l'occurrence à comprendre trop largement le concept de risque de développement afin de limiter sur le plan financier les charges à assumer. On doit contester notamment la démarche qui consiste à appliquer cette notion à l'affaire du sang contaminé ou aux contaminations par le virus de l'hépatite C [32]. S'agissant du premier exemple, si certains ont cru pouvoir défendre ce point de vue, en considérant que les connaissances scientifiques disponibles avant 1985 n'imposaient peut-être pas que soient prises certaines mesures de précaution qui ne se seraient qu'ultérieurement révélées indispensables, on sait aujourd'hui que tel n'était pas le cas. En réalité, les mesures de précaution qui, en effet, auraient dû être prises ne dépendaient pas de connaissances scientifiques non disponibles avant 1985, mais plus simplement du respect de règles fondamentales de la santé publique[33]. L'intérêt des assureurs, qui n'interviennent pas dans le cas de risque de développement, est sans doute d'étendre les cas où l'on peut évoquer ce phénomène. Mais l'intérêt des assureurs n'est en l'occurrence pas celui des justiciables.

On reste donc encore bien souvent éloigné d'un juste usage des notions en cause, ce qui interdit de bien apprécier les faits et de bien les traduire en termes juridiques. Or, tant que ce travail d'épure des concepts n'aura pas été fait, le droit ne pourra pas jouer son rôle cathartique (d'apaisement) et pédagogique (d'extériorisation des normes morales et sociales à respecter). Certains, pourtant, tentent réellement de préciser les termes auxquels le droit doit avoir recours. On peut à ce titre, et s'agissant encore de l'affaire du sang contaminé, se référer aux travaux d'Aquilino Morelle[34]. On y trouve quelques définitions fort simples dont le juge devrait s'inspirer. Le risque ainsi est « une notion statistique, universelle et absolue » : il est entièrement compris dans un problème technique et indépendant du comportement humain ; il se retrouve donc à l'identique partout où sont réunies les mêmes conditions techniques d'exercice d'une activité.

On voit là à nouveau à quel point la notion de risque est étrangère à celle de responsabilité individuelle. On peut certes prévoir, comme c'est aujourd'hui le cas dans le nouveau Code pénal, que le fait de faire prendre un risque à autrui constitue, dans certains cas, une faute : mais c'est alors précisément la faute qui est sanctionnée et non le risque. Tout est affaire de décision publique : on peut prévoir qu'il faut réparer les dommages liés à l'occurence d'un risque ou considérer au contraire que le risque doit être assumé personnellement par chaque membre de la société ; on peut aussi interdire certaines activités dont on estime trop grands les risques qu'elle fait prendre à la collectivité. Mais on ne peut logiquement faire assumer au nom d'une responsabilité *individuelle* l'occurrence d'un risque qui ne tient qu'à une décision *collective*.

Mais poursuivons les définitions que propose Aquilino Morelle. Le risque de développement y est décrit comme imprévisible, insoupçonné, indécelable, irrésistible et inévitable. Le risque – ou l'aléa – thérapeutique enfin est par définition résiduel : c'est le « risque qui subsiste, de façon irréductible, une fois que tout ce qu'il était humainement possible de faire pour réduire ce risque – compte tenu de l'état des connaissances scientifiques du moment – a été mis en œuvre ». Voilà le moyen de bien distinguer entre risque et responsabilité, de bien comprendre que l'un et l'autre ne sont pas de même nature. Voilà aussi de quoi comprendre que, s'agissant de l'affaire du sang contaminé, aucune de ces notions ne peut être appliquée : ni risque de développement, puisque ce qui s'est produit était prévisible et évitable, ni risque thérapeutique puisque l'on n'a pas fait tout ce qu'il était humainement possible de faire pour l'éviter.

Ainsi, devant l'incapacité de la responsabilité sans faute à rendre possible d'une part de saines relations sociales, tant elle conduit à modifier la signification des notions que le droit emploie, et à répondre d'autre part aux attentes des citoyens qui ne souhaitent pas se contenter d'une gestion indemnitaire des dommages, la voie offerte au droit semble avoir été tracée. Il reste que pour la suivre, et parce que le droit ne peut pas tout à lui seul, il faut sans doute placer la question de la responsabilité là où elle devrait d'abord être débattue : dans l'espace public.

Éloge de l'espace public. Il faut en effet à tout prix éviter de traiter le problème de la responsabilité sous le mode muet de l'évidence. Il faut à tout prix éviter de prétendre que l'évolution du droit de la responsabilité dans le sens de l'objectivation de son engagement sera naturellement stoppée dès que le législateur aura voté un texte sur l'aléa thérapeutique. Il faut arrêter de croire que chacun s'accorde sur la nécessité d'une telle loi et que son vote ne dépend que de la résolution de quelques problèmes techniques (relatifs notamment au financement du dispositif à mettre en place) : arrêter de croire, donc, qu'un débat public est inutile puisque tout le monde retient le principe de cette réforme.

Bien au contraire, c'est d'un débat sur la question de la responsabilité – de quoi est-on responsable ? qui est responsable ? quelles doivent être les sanctions de cette responsabilité ?... – dont nous avons besoin. Car placer le débat sur la responsabilité au niveau de l'espace public, c'est en réalité tenter de répondre à deux impératifs : extérioriser les responsabilités et répondre sur un mode collectif aux risques collectifs dont nous voulons nous préserver.

Le besoin d'extériorisation s'est pour l'heure exprimé sur le seul mode du procès : il est temps d'explorer une autre voie, celle du débat public. À ce titre, on peut considérer que l'erreur de Hans Jonas a précisément consisté à ne pas poser la question de la responsabilité au niveau de l'espace public, à s'en tenir à l'intimité de la morale personnelle. S'il insiste à juste titre sur l'importance du « sentiment de responsabilité » et met ainsi l'accent sur l'engagement personnel de chacun dans la recherche et la mise en œuvre d'une responsabilité bien comprise, il néglige en revanche la question du passage à l'acte, le problème de l'effectivité de cette responsabilité, la question, en un mot, de son entrée dans le monde. Pourtant, ce point de vue est contradictoire avec la nécessité d'agir qu'il énonce par ailleurs : il faut rappeler ici que le philosophe dénonce par avance une compréhension frileuse de son « heuristique de la peur » qui consisterait à se retirer du monde, à refuser le risque de l'action. Il affirme que le principe responsabilité doit être un principe positif d'orientation d'un agir qui ne doit pas cesser. Or, l'action se fait forcément dans l'espace public. Et l'action est forcément compromission. Hans Jonas ne comble donc pas l'écart qui sépare l'énoncé des principes de leur mise en œuvre. Il ne pose pas concrètement la question de l'action, ou plus exactement de sa compatibilité avec le principe responsabilité. Il ne permet pas d'éviter de voir les acteurs se couvrir du risque de la responsabilité par le silence et l'inaction.

Pour rendre l'action possible, il faut en effet nécessairement borner la responsabilité, gérer en tout cas sur un mode concret sa mise en œuvre. Ce qui ne peut se faire dans la seule intimité du jugement moral. Ce qui doit se faire par la production de normes affirmées publiquement. De ce point de vue, la réponse publique à la question de la responsabilité peut sans doute être recherchée du côté de Hannah Arendt qui se pose, elle, résolument dans la sphère publique du discours et de l'action politiques. Hans Jonas pense en effet pouvoir faire de son principe responsabilité une réponse au risque inhérent à l'action. Celle-ci, qu'Hannah Arendt analyse notamment dans *Condition de l'homme moderne*, se caractérise par une certaine fragilité : elle utilise, pour la décrire, les deux termes d'irréversibilité (« ce qui a été fait ne peut être défait [35] ») et d'imprévisibilité (« ce qui suit ne peut être prédit [36] »). Pour Hans Jonas, la responsabilité constitue le remède à ces deux caractéristiques. Mais le remède est-il efficace ? Le problème de l'irréversibilité et de l'imprévisibilité est celui du caractère illimité de l'action dans ses effets. Or, la responsabilité telle que l'envisage Hans Jonas est elle-même illimitée : comment dès lors peut-elle borner l'action autrement que sur le mode de l'inaction ? Ne faut-il pas borner la responsabilité elle-même pour qu'elle s'exerce en même temps que l'homme continue d'être au monde, c'est-à-dire d'agir ? Les remèdes auxquels pense Hannah Arendt sont, de ce point de vue, précisément orientés vers l'agir, vers la volonté de rendre l'agir possible : il s'agit du pardon (réponse à l'irréversibilité) et de la promesse (réponse à l'imprévisibilité). Du point de vue de la responsabilité, on peut de même considérer que le pardon et la promesse sont les deux outils de son expression dans l'espace public : le pardon qui borne la responsabilité et la promesse qui l'institue. Le pardon et la promesse pourraient rendre possible la pratique de la responsabilité, en même temps qu'ils indiquent le lieu où cette responsabilité doit être définie : là où se rencontrent les êtres responsables, là où s'exerce la responsabilité, là où elle est sanctionnée.

De ce point de vue, on peut considérer que le tribunal n'a pas été ce lieu. Une double remarque peut être formulée sur l'évolution contrastée du droit de la responsabilité, comme symbole de la demande d'extériorisation, de mise à jour, de dévoilement qu'expriment les justiciables. S'agissant du versant « responsabilité sans faute », on peut considérer en effet que le passage plus fréquent devant le juge, pour des dommages qui jusqu'alors n'auraient sans doute pas débouché sur une procédure judiciaire, marque le désir d'affirmation d'une responsabilité. Il s'agit, en empruntant la forme de la confrontation publique, de dire la responsabilité. S'agissant du versant « retour à la faute », la recherche plus affirmée de responsables personnels traduit ce même désir, non satisfait par la première formule.

Ce désir d'extériorisation, d'explicitation de la responsabilité est légitime. Or, c'est l'objectif et l'un des effets positifs de la démarche juridique poursuivie que d'avoir rendu possible cette extériorisation : la procédure judiciaire présente en effet le très grand avantage de mettre à jour, d'officialiser, d'exprimer les règles du vivre en commun. Plus généralement, le modèle judiciaire des relations – personnelles ou institutionnelles – a d'ailleurs pu être loué pour ce qu'il apporte en clarté : les principes y sont affirmés, les règles pour les mettre en œuvre élaborées et les sanctions prises. Les litiges peuvent y être résolus. Tout ce qui permet de renforcer une pratique plus juridique du politique doit ainsi être défendu : le rôle nouveau joué par le Conseil constitutionnel dans notre vie politique est le plus notable de ces progrès. De même, on peut se féliciter d'une intervention plus libre du juge dans la vie des hommes politiques, redevenus citoyens égaux.

Par analogie, l'intervention plus fréquente du juge dans les relations personnelles a pu être louée. Mais en l'occurrence, le processus n'a pas bien fonctionné et l'extension de la sphère d'intervention du juge a conduit le juridique à perdre en qualité ce qu'il gagnait en quantité. En voulant lui faire dire ce qui aurait dû être élaboré au niveau du politique – du débat public –, on a fait perdre au juridique sa rigueur, ne serait-ce que parce qu'il a dû gérer des principes pour lesquels on ne lui avait pas transmis les outils nécessaires. Là où l'on aurait peut-être souhaité donner au politique la forme – claire et efficace

– du juridique, dans ce que le respect de la procédure peut y apporter, on a finalement politisé le juridique, en en faisant un instrument souple d'improvisation devant les faits à gérer. Parce que le politique a négligé de poser les règles dont le juge se fait le traducteur, le juge a occupé tout le terrain abandonné, dans la confusion et l'improvisation.

La notion de responsabilité sans faute apparaît là comme le symbole, l'image de ce que l'on appellera la politisation du juridique : absence de normes préétablies et absence de limite par imprécision des concepts utilisés. Absence de normes en effet, puisqu'en demandant au responsable de réparer, et de seulement réparer, on lui dit explicitement que son comportement, puisque non fautif, ne doit pas être amendé. Et absence de limites aussi, dès lors qu'en ne se préoccupant que de la réparation le droit de la responsabilité peut s'étendre à l'infini : tout étant indemnisable, tout est associé à une responsabilité dont le siège est défini en termes financiers. Et si tout est indemnisable, si tout peut être compris comme un dommage qui doit être réparé, nous sommes donc tous des victimes, nous pouvons toujours nous penser comme victimes.

Si l'objectif – la publicité à donner à la recherche d'une plus grande responsabilité – doit être poursuivi sans aucun doute, le moyen – la voie du procès – ne doit pas être maintenu dans l'exclusivité qui est aujourd'hui la sienne. Il est d'autres lieux que le tribunal pour débattre. Ou, plus exactement, il est des lieux où doivent s'exprimer, avant que de s'exercer devant le tribunal, les opinions à partir desquelles se forgent les règles du vivre en commun. On n'ouvrira pas ici le lourd dossier du fonctionnement de notre démocratie. Mais c'est bien sûr dans notre capacité à trouver de nouveaux espaces pour donner cours à la parole publique que réside la réponse.

Le passage par le débat public est, en l'espèce qui nous intéresse, d'autant plus indispensable que les nouveaux risques que nous souhaitons gérer et le nouveau visage que doit prendre la responsabilité sont fortement liés à l'action publique. La collectivité est donc directement impliquée : c'est à son niveau que doivent être définies les nouvelles règles de l'agir humain.

Deux notions apparaissent en effet fondamentales dans la sphère de la nouvelle responsabilité, qui toutes deux ont à faire avec l'action collective : le risque et la précaution. S'agissant du risque, la collectivité intervient à deux moments. En amont, la question qui doit être posée dans l'espace public est celle des activités que l'on souhaite poursuivre, quand bien même elles font prendre des risques à chaque individu, voire à la collectivité elle-même. C'est une question que l'on se pose intimement à chaque action que l'on entreprend. C'est, intuitivement ou posément, à une analyse coûts-avantages que l'on se livre avant d'entreprendre quelque chose. C'est cette même démarche que l'on doit savoir exposer publiquement pour les actions collectives que l'on envisage. En aval, et une fois décidées ces actions, c'est la question de la réparation, c'est-à-dire de la nature de la prise en charge par la collectivité de la réalisation des risques, qui se pose. Dans le cadre du risque, cette notion statistique que l'on a définie plus haut, la responsabilité, comme outil de sanction et de prévention, est en effet inadéquate. La gestion par le juge, dans le cadre de procès, des choix collectifs ne peut que soulever des difficultés, d'autant qu'elle conduit à oublier la question de l'imputabilité, c'est-à-dire de l'explication, à étendre trop systématiquement le champ du risque là où les décisions prises par certaines personnes et les actes qui en ont découlé auraient dû intervenir dans l'analyse des événements. Ce n'est pas au juge mais à la collectivité de fixer les règles relatives à la prise en charge des risques, de déterminer les cas où la réparation peut et doit avoir lieu.

Avec la précaution, on aborde par ailleurs le problème des comportements auxquels le sentiment de responsabilité doit inciter. La responsabilité est un art de la décision, comme préalable à l'action. C'est donc en réalité un nouveau processus de décision qu'il faut inventer. Et à nouveau, la collectivité est là directement impliquée : parce que c'est à son niveau que se prennent nombre des décisions dont il est ici question ; parce que c'est donc pour elle-même qu'elle doit créer ces nouveaux processus de prise de décision ; parce que, plus banalement, il s'agit de fixer les normes sociales auxquelles chacun doit se conformer pour qu'ensuite notre responsabilité personnelle puisse être engagée, devant le juge s'il le faut.

Définition des règles à respecter, réforme du système de réparation, réforme du système juridique : autant de passages obligés pour une renaissance de la responsabilité qui ne pourront faire l'économie d'un débat public. C'est à ce prix que l'on pourra rendre responsable, c'est à ce prix que l'on pourra à la fois éviter l'impunité et la victimisation, ces deux extrêmes que l'évolution du droit n'a pas su éviter, c'est à ce prix que l'on pourra continuer d'agir.

DÉBAT

Olivier Mongin et Laurence Engel

OLIVIER MONGIN : *Vous mettez l'accent sur la nécessité de réactiver le débat sur la responsabilité dans un cadre public. Tout en s'accordant à ce constat, on peut s'interroger sur les métamorphoses de l'espace public et sur son aptitude à jouer ce rôle. En effet, la médiatisation accrue multiplie les phénomènes de bouc émissarisation et ne permet guère d'envisager une réponse aux défaillances de la justice. La victimisation, soubassement de la logique d'indemnisation, n'est-elle pas exacerbée par la communication ?*

LAURENCE ENGEL : Les médias, et singulièrement la télévision, occupent aujourd'hui une place tout à fait importante dans les relations sociales : divertissement, information, reflet de la vie quotidienne et mise en scène des citoyens-téléspectateurs (c'est bien sûr à ce niveau que le risque de victimisation est réel, car cette mise en scène semble être surtout celle de leurs douleurs), mais aussi relais pour le débat politique, les fonctions sociales de la télévision sont multiples. Ce qui confine parfois à l'omnipotence fait d'ailleurs l'objet de critiques récurrentes, dont le point focal consiste à dénoncer l'emprise des critères économiques dans la gestion d'un outil dont la capacité à contribuer à l'analyse des problèmes de société apparaît dès lors considérablement réduite. Mais l'espace public auquel je fais référence n'est pas nécessairement celui qu'offrent les médias. Plus exactement, je n'aborde pas la question pratique et technique des instruments dont dispose ou pourrait disposer le débat public pour s'élaborer, parce que ce n'est pas là l'objet de mon travail. Il s'agit pour moi simplement – et c'est fondamental – d'insister sur le fait que la question de la responsabilité et de sa traduction juridique doit faire l'objet d'un débat public, c'est-à-dire d'un débat politique. Le droit de la responsabilité est en effet trop exclusivement abordé comme une question technique qui ne devrait intéresser que les experts : experts de la science juridique ou experts de l'assurance. À bien des égards, les polémiques, restées d'ailleurs de ce fait très confidentielles, qui ont entouré la question de l'évolution du droit de la responsabilité n'ont fait qu'opposer des juristes d'une part, se présentant comme les défenseurs irréductibles des victimes et insistant sur la tradition humaniste de l'intervention du juge, et des assureurs d'autre part, attachés à la viabilité économique de leurs activités, sans que le débat sorte de ce qui ressemble parfois à une guerre de chapelles. La victime est certes interpellée – mais quand l'individu est de fait victime d'un dommage et cherche à obtenir indemnisation, il n'est bien évidemment pas enclin à raisonner de façon neutre ; le citoyen, en revanche, ne l'est jamais. L'affaire du sang contaminé et, plus généralement, l'intérêt du public pour la mise en cause juridique de quelques personnalités en vue ont sans doute introduit une part d'intérêt public dans cette question de la responsabilité, et c'est une fort bonne chose. Mais c'est en réalité à froid, indépendamment des scandales et des émotions, qu'il faut aborder le problème. Sans doute les médias n'y sont-ils pas préparés, qui ne transmettent une information que dans la mesure où elle fait l'actualité : c'est une limite, mais, en l'occurrence, elle aura peut-être permis de lancer le débat.

On a oublié en fait, s'agissant de la responsabilité, que le droit avait une fonction sociale très forte, qu'il permettait de traduire techniquement la nature des relations que les citoyens veulent entretenir entre eux, qu'à travers la question de la responsabilité, ce n'était pas seulement le bien-être des victimes qui était en cause, mais la nature des actions qu'une société souhaite entreprendre, les règles qui doivent guider la prise de décision, la portée des choix collectifs et individuels que nous faisons. L'objectif de cet ouvrage est ainsi, avant tout, de porter cette question de la responsabilité au niveau qui devrait être le sien, c'est-à-dire à la fois de mettre un terme à une approche strictement technique et, de ce fait, confidentielle et de sortir des considérations émotionnelles qui entourent tout ce qui touche au sort qu'il faut accorder aux victimes. Quant au rôle des médias dans la suite qu'ils pourraient donner à cette proposition, on peut se poser en effet deux questions : en quoi expliquent-ils ou ont-ils contribué à la focalisation de l'intérêt – exacerbé parce que interdisant de s'en tenir à ce que signifient les termes de responsabilité, de risque, de faute – sur la victime ; en quoi pourraient-ils pervertir la démarche du débat que je préconise ? Il s'agit là, bien sûr, de questions qui dépassent très largement le cadre de mon travail. S'agissant de la première, c'est à une analyse sociologique et historique de la représentation de l'individu dans les médias, et à l'impact en retour de cette représentation sur l'attitude des individus eux-mêmes, qu'il faudrait se livrer. S'agissant de la seconde, c'est en réalité la santé de notre démocratie qui est en cause et notre capacité à améliorer son fonctionnement, c'est-à-dire à assurer une participation plus fréquente, plus profonde et, finalement, plus naturelle des citoyens. On peut considérer – et c'est ce qui me semble essentiel aujourd'hui – que les critiques formulées à l'encontre des médias, comme source de perversion du débat public, justifiées quant au constat, relèvent aussi parfois de la solution de facilité : n'est-ce pas, en effet, parce que le politique démissionne que les médias peuvent prendre, très librement, sa place et lui imposer leur rythme ? En réalité, les médias peuvent bel et bien devenir – être – un outil efficace mis au service du débat public, dès lors que les acteurs publics décident d'élaborer ce dernier et d'y faire participer l'ensemble des citoyens : ce que l'épisode du référendum sur le traité de Maastricht a, à bien des égards, confirmé.

En clair, la diffusion sur les chaînes de télévision d'un vrai débat sur la responsabilité soulève des questions qui ne sauraient constituer un préalable : elles ne peuvent venir qu'après celles que pose l'élaboration du débat lui-même. Les défauts du support médiatique ne sauraient justifier un traitement entre experts du problème de l'avenir du droit de la responsabilité.

O. M. : *Le débat relatif à la responsabilité collective renvoie nécessairement à une interrogation sur l'avenir de l'État providence dans les sociétés européennes, et plus particulièrement en France. La philosophie implicite de l'État providence – indissociable de la prise en compte des risques — n'est-elle pas aussi celle de la responsabilité sans faute ? Dans ces conditions, la distinction entre les États-Unis, pays où la protection sociale est faible, et la France, pays où la protection sociale est forte, n'est-elle pas à nuancer sensiblement ? Et comment imaginer que la crise de l'État providence, au lieu de favoriser une nouvelle relation à la responsabilité, ne vienne pas renforcer le mouvement contemporain de victimisation ? D'où la question : la victimisation est-elle une menace qui pèse sur les sociétés démocratiques dans leur ensemble ?*

L. E. : Je ne crois pas que l'on puisse considérer la protection sociale et la responsabilité sans faute comme deux outils équivalents ouvrant la voie à la couverture des risques. J'y vois trois différences qui me semblent fondamentales.

La première concerne la nature des risques dont on cherche à se couvrir. De ce point de vue, on peut certes considérer qu'au départ, la notion de responsabilité sans faute répond aux mêmes exigences que le développement de l'État providence à travers la protection sociale : il s'agit, dans le cadre des sociétés industrielles en plein développement, de se couvrir des « petits malheurs », des petits risques quotidiens dont on ne sait pas imputer la responsabilité. Cette similitude apparente explique ainsi qu'aux États-Unis la responsabilité ait pu être utilisée comme substitut à l'édification d'un large système de protection sociale. En Europe, de même, les deux dispositifs se recoupent, le point d'intersection entre protection sociale et responsabilité sans faute se trouvant incarné dans la législation sur les accidents du travail. Mais l'État providence repose en la matière sur un dispositif législatif clos : il est limité par nature, là où la responsabilité sans faute, évoluant au gré de la jurisprudence, n'est pas bornée et ne constitue pas un dispositif maîtrisable *a priori*. Le système de protection sociale n'a ainsi pas donné cours à l'évolution qu'a connue la responsabilité sans faute. On est passé en effet, avec ce second système, des petits risques aux risques majeurs : mais dans ce cas, tant que l'on reste dans le cadre d'une définition rigoureuse du risque, rien n'empêche, au contraire, un traitement législatif de ces questions et donc leur intégration dans la notion d'État providence. Mais surtout, comme mon ouvrage cherche à l'expliquer, on est passé d'une définition correcte du risque à une compréhension très large, et de ce fait irréaliste, de cette notion, en y incluant même ce qui relève de la faute, parce qu'on néglige d'identifier celle-ci dès lors que l'indemnisation est assurée. Or, cet écart dans l'évolution des deux dispositifs tient, on le voit, à leur nature même. Et de fait, le champ couvert par la sécurité sociale n'a pas connu de dérive : pour des raisons financières aussi, ce champ a même plutôt eu tendance à se restreindre. Les occasions de se présenter comme une victime n'ont donc pas été multipliées là.

Mais l'explication n'est pas seulement économique. Plus fondamentalement, les deux systèmes de couverture diffèrent quant à la manière dont la victime potentielle se couvre. Dans un cas en effet, on assume soi-même l'indemnisation des dommages qui nous touchent, en tout cas pour une part, le financement de l'assurance sociale par l'employeur figurant de toute façon, progrès important, sur la fiche de paie, ce qui permet à chacun de bien prendre la mesure du coût de cette couverture. Dans l'autre cas, on reporte intégralement cette prise en charge sur un tiers, en lui imputant la responsabilité du dommage en question. Or, les deux solutions ne sont pas neutres en termes de représentation de la situation de l'indemnisé : c'est parce qu'un autre est responsable de mon malheur que je peux véritablement me considérer comme une victime.

Enfin, troisième différence fondamentale, les lieux où se gère l'indemnisation sont, dans les deux cas, très différents et emportent à mon sens des effets eux aussi très différents quant à l'attitude de l'indemnisé face au dommage qu'il a subi. Dans un cas – la protection sociale –, l'occurrence d'un dommage est traité de manière à la fois anonyme et automatique. Il n'y a pas de mise en scène du malheur.

L'indemnisation se fait de manière systématique et son montant est déterminé *ex ante*, indépendamment de l'émotion que pourrait susciter le spectacle de la douleur humaine. C'est une manière d'appréhender les faits qui correspond logiquement à la nature du risque : ce dernier est une notion statistique, intrinsèquement associé à une activité ou un objet, et totalement indépendant du comportement des individus. Lorsqu'il se réalise, on ne peut s'en remettre qu'au sort : le risque pouvait se produire (j'avais x % de chances de réussir ou d'échouer, j'ai pris le risque parce qu'il en valait la chandelle... le langage courant ne manque pas d'expressions pour évoquer cette idée du risque et faire comprendre qu'il imprègne quotidiennement notre vie) et il se trouve que j'en ai été la « victime », mais je ne peux pas légitimement me retourner vers une personne pour expliquer le dommage que j'ai subi. La protection sociale permet de respecter la notion de risque tout en assurant sa prise en charge sur le plan financier. Dans le cas de la responsabilité sans faute, le mécanisme est tout différent. Le fait même de s'inscrire dans le cadre d'un procès interdit à la fois un traitement automatique (d'autant plus qu'il s'agit ici de droit civil et qu'il n'y a donc pas de principe de légalité des délits et des peines) et une approche anonyme. S'agissant de dommages, corporels ou moraux, l'émotion a dès lors toutes les chances de jouer un rôle capital. Et la victime a d'ailleurs intérêt (puisque le montant des indemnités en dépend) à insister sur sa douleur, à se présenter, précisément, comme une victime. Il y a théâtralisation, mise en scène, représentation de la douleur, personnification du débat. La protection sociale n'offre pas une telle scène. On peut peut-être s'y considérer comme une victime – du sort ou de la société, bloc anonyme –, mais on n'y a pas l'occasion d'exposer cette situation. Le phénomène de victimisation ne peut s'y développer aussi facilement, naturellement, qu'avec la responsabilité sans faute.

Il reste que la protection sociale présente un aspect déresponsabilisant, mais au même titre que tout processus d'assurance. C'est d'ailleurs pour cette raison que l'assurance de certains risques et, plus encore, l'assurance de responsabilité ont longtemps été interdites : parce que l'on se saurait couvert, on serait moins vigilant, ce qui pose un problème moral. La question a pris de plus une couleur nouvelle avec la crise économique, notamment en matière de prise en charge du chômage. D'un côté, certains considèrent que la société se doit d'assumer financièrement la subsistance de ceux qui n'ont pas d'emploi. Mais d'un autre côté, d'autres estiment que le caractère systématique de cette considération est pervers, d'une part moralement, parce qu'elle incite les citoyens à se considérer comme créditeurs de la société et donc précisément, s'agissant de la question ici traitée, comme victimes, d'autre part économiquement, parce qu'elle pourrait se traduire chez ceux qui bénéficient de cette couverture sociale par le refus de chercher un emploi et donc de se prendre en charge. Toutefois, plusieurs considérations doivent alimenter ce débat. D'abord, ce phénomène de désincitation au travail n'est pas statistiquement avéré. On considère même en général qu'il ne peut être que marginal et ne saurait donc conduire à revenir sur un mécanisme de protection qui constitue un progrès social indéniable. Ensuite, on peut considérer que, s'agissant toujours du chômage, il conviendrait d'interroger au moins autant la capacité de la société à intégrer économiquement tous ses membres que la volonté de ces derniers d'assumer leurs responsabilités sociales : ce qui pourrait conduire à transférer le débat de ces aspects moraux vers une approche plus financière, d'ailleurs liée à la première, et qui consisterait à rechercher le mode de financement le plus « responsabilisant ». Enfin, la protection sociale est de toute façon susceptible d'évoluer dans le sens d'une plus grande responsabilisation des individus, par l'intermédiaire de la prise en compte plus fine des spécificités comportementales de chacun, comme le font les assureurs, par exemple en matière de conduite automobile.

Quoi qu'il en soit des réformes qui peuvent intervenir en matière de sécurité sociale, celle-ci constitue une véritable collectivisation de la prise en charge des risques, ce à quoi ne peut prétendre la responsabilité sans faute, notamment parce qu'elle s'exprime dans le cadre d'un procès. Là, c'est toujours d'un individu dont il est question, un individu qui peut toujours se présenter comme victime. En fait, les trois différences de nature entre la technique de la protection sociale et celle de la responsabilité sans faute se traduisent, pour le moins, par une différence – très nette, voire considérable – de degré dans la relation que la personne indemnisée peut avoir avec la notion de victime.

O. M. : *En prenant en compte successivement l'évolution de la classe politique (ébranlée par la succession des affaires) et la réflexion philosophique la plus récente, vous montrez bien qu'on observe là aussi des impasses. Comment imaginer cependant une évolution du droit de la responsabilité qui se traduise par d'autres mœurs judiciaires? L'affaire du sang contaminé en témoigne. L'institution judiciaire, libérée de la tutelle du politique, n'est-elle pas de plus en plus livrée à elle-même?*

L. E. : Cette question appelle plusieurs niveaux de réponse. Le premier concerne la nature des relations qu'entretiennent l'institution judiciaire et le monde politique incarné par le gouvernement. Que la première soit devenue autonome par rapport au second, c'est là un progrès réel. Il permet de garantir un fonctionnement neutre de la justice et de mettre un terme à certaines impunités, ou du moins de rendre ces dernières moins probables. C'est la démocratie qui y gagne. Le risque, bien sûr, est d'avoir une institution judiciaire repliée sur elle-même, gouvernée par des considérations strictement corporatistes, pouvant donner cours à une sorte de séparatisme politique, n'étant plus encadrée par aucune directive, n'évoluant plus dans le cadre d'une politique définie par l'instance gouvernementale. Mais l'équilibre à trouver ne dépend pas seulement des retenues que s'imposeraient l'institution judiciaire : c'est au politique qu'il revient de ne pas démissionner, de savoir définir une politique de la justice, de comprendre que cette plus grande autonomie de l'institution judiciaire ne doit pas signifier sa séparation définitive d'avec le politique, mais doit se traduire par l'élaboration publique, ouverte, transparente, discutée, d'une telle politique.

Pour en venir à un propos plus orienté vers la question du droit de la responsabilité, on peut considérer que l'évolution de ce droit offre précisément l'image d'une justice « livrée à elle-même ». Le défaut de débat public sur la question de la responsabilité, l'absence de politique définie en la matière, la démission, donc, du politique, ont laissé le champ libre à l'institution judiciaire. Le droit de la responsabilité se présente aujourd'hui, je l'ai montré, comme le résultat d'un processus strictement juridique : le droit semble là s'être quasiment détaché de ses fondements, sociaux, moraux, politiques. Le juge a pu, dans le silence de l'espace public, développer un outil juridique dont la finalité première a été progressivement oubliée et dont le champ d'application s'est ainsi étendu sans que l'on songe à en définir les limites. Le droit s'est autonomisé.

C'est pourquoi l'évolution du droit que je préconise ne pourra bien évidemment pas, à elle seule, transformer les mœurs judiciaires et, de manière plus ambitieuse encore, renforcer le sentiment de responsabilité que l'on peut souhaiter voir partagé par l'ensemble des citoyens. Le droit n'est qu'un outil : il est donc, par définition, second. Il faut d'abord fixer les objectifs, c'est-à-dire définir un projet politique : de quoi est-on responsable ? Comment assume-t-on cette responsabilité ? Qui finance les dispositifs d'indemnisation ? Quels sont les risques que nous devons subir sans le concours de la collectivité ? Quels sont ceux que la collectivité doit prendre en charge ? Y a-t-il des activités auxquelles il faut renoncer ? Selon quelle méthode doit-on prendre des décisions ?... Tels sont les points que le droit de la responsabilité peut aider à concrétiser en les sanctionnant, mais qu'il ne saurait définir à lui seul. C'est bien pourquoi j'en appelle non seulement à une réforme du droit de la responsabilité, mais aussi à un transfert de cette question technique vers « l'espace public ». Il faut refonder la notion de responsabilité juridique en revenant sur les relations qu'elle entretient avec la morale ou la politique. Une nouvelle évolution du droit de la responsabilité ne constitue donc pas un préalable : elle doit être menée de front avec l'élaboration d'un débat public sur cette question, c'est-à-dire un retour du politique. Ou, pour le dire autrement, l'évolution du droit ne saurait à elle seule apporter une solution univoque et définitive puisque c'est précisément une tendance à ne traiter de la responsabilité qu'en des termes juridiques qui a conduit à sa perte de sens.

O. M. : *Les assureurs interviennent de plus en plus dans le cadre des débats actuels sur la responsabilité. Peut-on se contenter de dire qu'ils n'ont d'autre intérêt en jeu que financier pour expliquer leur volte-face ? Par ailleurs, quelle est leur influence véritable sur l'évolution du droit de la responsabilité ? Ont-ils une capacité de lobbying dont ils tirent les bénéfices ? L'évolution du droit de la responsabilité et la volonté des assureurs ne vont-ils pas progressivement converger ?*

L. E. : L'intérêt financier des assureurs à intervenir dans le débat sur la responsabilité me semble effectivement central dans leur démarche. Mais cela ne retire rien à la qualité de celle-ci et à l'importance des réflexions qu'ils mènent et dont ils nous proposent le fruit. Ce n'est pas péjoratif de dire que le mobile de ces réflexions est financier. C'est même le contraire qui serait étonnant : les assureurs ne forment pas une société de bienfaisance ou un institut de recherche. Il s'agit seulement d'en avoir conscience, donc de le dire, et d'en tenir compte dans l'analyse que l'on peut faire de leurs propositions.

En réalité, la place des assureurs dans la connaissance que nous avons de notre société est devenue extraordinairement importante. Il disposent en effet d'un matériel statistique considérable, qui porte sur le comportement de leurs clients et qui constitue aujourd'hui une source d'informations dont l'exploitation n'est peut-être pas optimisée. Ils se sont cependant dotés d'un outil d'analyse de ces données lui aussi tout à fait important et qui leur permet de produire des travaux, de nature sociologique, dont l'intérêt est central. La qualité de ces travaux conduit donc, bien évidemment, à dépasser le seul niveau financier de l'intervention des assureurs, mais il reste que ces recherches se justifient, de manière disons interne à la profession, par des arguments de nature financière. Les assureurs ont en effet besoin de cette connaissance du social pour perfectionner les produits – financiers – qu'ils offrent à la consommation, pour améliorer aussi, en précision, la rentabilité de leurs activités. Ils ont besoin de cette connaissance pour explorer de nouveaux champs que les assurances pourraient cultiver. C'est là une logique de développement économique qui est, finalement, très classique.

Que cette connaissance soit ensuite exploitée de manière non financière, dans une optique purement intellectuelle, voilà un projet qui mériterait la plus grande attention. Que les assureurs participent à toute une série de débats – évolution du droit de la responsabilité bien sûr, mais aussi évolution de la sécurité sociale... –, voilà une évidence qu'il ne saurait être question de nier, tant cette participation ne peut être que fructueuse. Mais qu'il faille avoir conscience du moteur financier qui guide les assureurs dans leur démarche, voilà de quoi éviter quelques naïvetés.

Car les assureurs disposent d'une capacité d'influence indéniable. Je crois qu'on peut effectivement parler d'un lobbying, et d'un lobbying très actif : auprès des parlementaires, avec qui ils participent de fait aux débats et à qui, on l'a vu à propos du récent séminaire sur l'aléa thérapeutique, ils font des propositions toutes ficelées ; auprès des ministres et de leurs cabinets ; auprès des administrations, avec lesquelles ils négocient des dispositifs d'assurance. Plus généralement, ils tentent de faire passer leur message dans des propos moins techniques qu'ils destinent à l'ensemble de la collectivité. Et ce, de manière plus ou moins insidieuse, ce qui est de bonne guerre. En insistant, par exemple, sur les avantages – liés notamment à son caractère novateur – d'une couverture de l'aléa thérapeutique telle qu'ils la proposent, sans faire valoir, bien sûr, les limites que j'ai évoquées dans mon texte et qu'ils souhaitent imposer à cette couverture. En posant, par exemple, des questions que l'on peut dire biaisées. Dans le sondage qu'ils ont fait réaliser en vue du dépôt de leur projet de loi sur l'aléa thérapeutique, on trouve ainsi cette question : « Pour obtenir une indemnisation à la suite d'un accident médical grave sans faute médicale, [...] lequel des deux [systèmes] aurait votre préférence si chacun vous coûtait le même prix ? Bénéficier directement d'une indemnisation de la part de votre société ou mutuelle d'assurances en contrepartie des cotisations que vous auriez versées ; chercher à obtenir une indemnisation auprès d'un fond public géré par une administration, financé par l'impôt et auprès duquel vous engageriez une procédure [37]. » 68 % des personnes interrogées ont bien sûr opté pour la première solution, les assureurs ayant eu tôt fait d'exploiter cette réponse. Mais, étant donné la manière dont a été formulée la question, et sans se livrer ici à une analyse sémantique qui ne manquerait pas de sel, on doit plutôt s'étonner de constater que 23 % aient quand même choisi la seconde solution : seraient-ils masochistes ou particulièrement perspicaces ? Enfin, autre exemple, on peut rappeler que les assureurs ont tendance à sous-entendre – si bien que cette idée pourrait malheureusement finir par bénéficier du statut de l'évidence – que les contaminations par le virus du sida ou par l'hépatite C relèvent de la notion de risque de développement, ce que l'on doit contester puisque, comme je l'ai expliqué, ces contaminations étaient à la fois prévisibles et évitables. C'est là œuvre de lobbying, et que les assureurs auraient tort de ne pas mener, tant le débat est par ailleurs occulté, tant ils se trouvent donc en position de force – parce que à l'origine de réflexions et de suggestions pour le moins novatrices et répondant à un réel besoin.

Mais que ce travail d'imprégnation finisse par déboucher sur un processus de convergence entre leur volonté et le droit de la responsabilité, il me semble que ce serait, à bien des égards, bénéfique pour notre société. Les assureurs souhaitent en effet favoriser une séparation entre logique d'indemnisation – dont ils se chargeraient dans une certaine mesure – et logique de responsabilité : c'est là l'occasion de clarifier la notion de responsabilité et de lui laisser jouer son rôle dans la régulation des comportements. Mais il ne s'agit pas pour autant de s'interdire une réflexion autonome, qui éviterait les influences parfois perturbantes des critères financiers.

GLOSSAIRE

Droit : Le système juridique français se caractérise par une double distinction. Droit public et droit privé d'une part ; droit civil et droit pénal d'autre part.

Droit public : Il organise les relations juridiques dans lesquelles l'État et les personnes morales qui en dépendent sont parties prenantes, dans leurs rapports réciproques aussi bien que dans leurs rapports avec les particuliers. Le droit public se décompose en un *droit constitutionnel* (qui assure l'organisation des pouvoirs publics), un *droit administratif* (dans lequel s'insère le droit public de la responsabilité) et un *droit financier* (qui régit les finances publiques). La mise en œuvre du droit administratif se fait dans le cadre d'un ordre de juridictions qui lui est propre : tribunaux administratifs (pour la majeure partie des conflits en première instance), cours administratives d'appel et Conseil d'État.

Droit privé : Il organise les rapports des personnes privées entre elles, personnes physiques aussi bien que personnes morales. Il s'établit dans le cadre de l'ordre de juridictions judiciaires. La répartition des procès s'y fait en fonction d'un critère territorial mais aussi en fonction de compétences d'attribution. On distingue ainsi les juridictions de droit commun (tribunal de grande instance, cour d'appel et cour de cassation) et les juridictions d'exception (tribunal d'instance, qui est le juge ordinaire des petits procès, tribunaux de commerce et conseils de prud'homme). Le droit privé se décompose lui-même en un droit civil et un droit pénal.

Droit civil : Il constitue le tronc commun du droit en général. C'est lui qui fixe les notions fonda-mentales servant à organiser la vie en société. Selon Jean Carbonnier (in *Droit civil,* PUF, 1955), « il répond le plus purement à l'image que l'on se fait de l'essence du droit, équilibre imposé d'en haut à deux individus, balance aux mains d'une déesse ». C'est avant tout par le droit civil que sont réglés les conflits entre personnes. Le droit civil, du fait des spécificités de certaines activités, connaît ainsi diverses émanations : droit commercial, droit mari-time, droit du travail, droit social, droit rural, droit aérien.

Droit pénal : Inclus dans le droit privé, en ce qu'il vise à protéger les individus, le droit pénal n'est pas étranger à la notion de droit public, en ce qu'il implique l'État et le respect que lui accordent les membres de la société. Le droit pénal se définit en effet à partir des infractions à la loi, pour lesquelles il fixe les sanctions. Le droit pénal incarne le droit de punir. Pour sa mise en œuvre, il dispose de juridictions répressives : les tribunaux de police, les tribunaux correctionnels et les cours d'assise, la répartition des procès se faisant en fonction de la nature des infractions, respectivement contraventions, délits et crimes. Le personnel judiciaire est toutefois commun aux juridictions civiles et aux juridictions répressives : le tribunal de police est le tribunal d'instance, le tribunal correctionnel est le tribunal de grande instance. La cour d'appel est de même commune aux deux types de juridiction.

Faute : Le droit de la responsabilité établit, depuis le Code civil de 1804, un système de *responsabilité pour faute.* Une personne ne voit sa responsabilité juridique engagée (et donc sanctionnée le cas échant, en l'occurrence par le paiement d'indemnités compensatoires) que s'il a commis une faute. S'agissant du droit civil, et par opposition au droit pénal, la faute n'est pas définie légalement mais s'apprécie, au cas par cas, au cours du procès, en fonction des normes sociales établies (par exemple, en matière professionnelle, certaines règles de conduite peuvent être connues). Lorsque les personnes parties au procès sont liées par un contrat (on parle alors de *responsabilité contractuelle,* par opposition à une *responsabilité quasi délictuelle,* c'est-à-dire hors contrat), c'est ce contrat qui, comme toujours en droit civil, vaut loi pour elles : la responsabilité d'une de ces personnes sera engagée si elle n'a pas rempli ses obligations contractuelles, ce qui constitue la faute. Le droit public prévoit quant à lui des cas de *responsabilité pour faute lourde* : cette condition supplémentaire est liée à la difficulté présumée du service (c'est le cas en matière de police ou, jusqu'à récemment, d'actes médicaux).

Responsabilité sans faute : La responsabilité d'une personne (et celle de l'État, s'agissant du droit public) peut toutefois être engagée en l'absence de faute. C'est une possibilité offerte par le Code civil dans son article 1384. Il faut distinguer ici une *responsabilité du fait des choses* que l'on posssède et une *responsabilité du fait d'autrui,* quand on en assume la garde. On peut parler ici d'une *responsabilité pour risque* : la responsabilité d'une personne est engagée non pas à raison de ses propres agissements et des fautes éventuellement commises, mais, en l'absence même de faute, à raison du risque qu'elle fait courir aux autres en entreprenant une activité, en possédant un objet qu'elle ne peut contrôler complètement, en laissant une personne dont elle a la charge agir librement. Cette notion de *responsabilité pour risque* existe aussi en droit public. Elle est, à l'identique, mise en œuvre dans le cas d'activités qualifiées de dangereuses (ou d'objets dangereux), dont l'existence même, indépendamment de toute faute, comporte un risque de dommages pour autrui. La responsabilité sans faute s'exerce par ailleurs en droit public lorsqu'il y a *rupture de l'égalité devant les charges publiques* : lorsqu'une disposition réglementaire ou législative lèse un petit nombre d'administrés alors que tel n'est pas l'objet de ce texte, il est admis que la responsabilité de l'État est engagée.

NOTES

1. On se référera notamment aux articles publiés par François Ewald dans la revue *Risques,* et en particulier dans le n° 10 d'avril-juin 1992, ainsi qu'au rapport qu'il a rendu au ministre de la Santé et de l'Action humanitaire en 1992, *Le Problème français des accidents thérapeutiques, Enjeux et solutions.*

2. La juridiction administrative comprend trois niveaux : tribunal administratif, cour administrative d'appel et Conseil d'État. La jurisprudence de ce dernier, abondante, joue un rôle déterminant dans l'édification du droit administratif. C'est notamment le cas pour les règles organisant la responsabilité de l'État. La Cour de cassation est l'équivalent du Conseil d'État pour la branche judiciaire du droit. Les juridictions de l'ordre judiciaire s'établissent en effet elles aussi en trois niveaux : tribunal de grande instance, cour d'appel et Cour de cassation. Cette dernière dit donc le droit en dernière instance et ses arrêts ne sont pas susceptibles de recours.

3. La notion de responsabilité sans faute, mise en œuvre par le Conseil d'État dès 1895, se dédouble en une responsabilité pour risque, liée aux spécificités de l'intervention de l'État dans certains secteurs, et une responsabilité pour rupture de l'égalité devant les charges publiques, lorsqu'une disposition réglementaire ou législative lèse un petit nombre d'administrés, alors que tel n'est pas l'objet de ce texte.

4. Dans l'arrêt Bianchi d'avril 1993, le juge impose que

soient réunies une série de conditions : il faut notamment que soit établi un lien de causalité entre le dommage et l'acte médical incriminé et que le préjudice soit anormal, c'est-à-dire exceptionnellement grave quant à ses effets et spécial quant au nombre de victimes. Le Conseil d'État a, depuis, également invoqué la responsabilité sans faute en matière de transfusion sanguine, dans trois arrêts du 26 mai 1995.

5. Il s'agissait d'un handicapé mental laissé, conformément aux méthodes thérapeutiques du moment, sans surveillance et qui avait mis le feu à une forêt.

6. Le Code civil prévoit en effet : « Le père et la mère, en tant qu'ils exercent le droit de garde, sont solidairement responsables du dommage causé par leurs enfants mineurs habitant avec eux. Les maîtres et les commettants, du dommage causé par leurs domestiques et préposés dans les fonctions auxquelles ils les ont employés ; les instituteurs et les artisans, du dommage causé par leurs élèves et apprentis pendant le temps qu'ils sont sous leur surveillance. »

7. On peut de même interpréter en ce sens les poursuites dont font aujourd'hui l'objet certains chefs de grandes entreprises, pour abus de biens sociaux. Ces affaires sont le signe d'un désir de non-impunité pour les grands patrons. Mais il s'agit d'affaires politico-financières que l'on n'évoque pas ici.

8. Catherine Labrusse-Riou, « Entre mal commis et mal subi », in *La responsabilité*, Autrement.

9. Jean Carbonnier, *Essai sur les lois*, Défrenois, 1979, p. 271. Cité par C. Labrusse-Riou, *ibid.*

10. Cité par Jean-Claude Monier, vice-président du tribunal de grande instance de Créteil. *Id.* pour la citation suivante.

11. Voir Laurent Cohen-Tanugi et Maria Ruegg, « Responsabilité civile : la dérive des continents », *Le Débat*, n° 76, sept.-oct. 1993, p. 137, et, en réponse, Laurence Engel, « Sur la responsabilité civile », *Le Débat*, n° 77, nov.-déc. 1993, p. 191.

12. Cité par *Le Monde* du 30 octobre 1992.

13. Voir Laurent Greilsamer, *Le Procès du sang contaminé, Documents*, Le Monde-Édition, 1992, et Anne-Marie Casteret, *L'Affaire du sang contaminé*, La Découverte, 1992.

14. On pense par exemple à Yvonne Lambert-Faivre qui préconise un renforcement de la responsabilité pour risque en distinguant d'une part les dommages causés aux personnes et aux biens, pour lesquels il conviendrait de généraliser le principe de la responsabilité pour risque, et d'autre part les dommages financiers, intellectuels et moraux, pour lesquels un système de responsabilité pour faute pourrait être maintenu.

15. Michel Villey, « Esquisse historique sur le mot *responsable* », in *Archives de philosophie du droit*, t. XXII, 1977.

16. Paul Fauconnet, *La Responsabilité, Étude sociologique*, Félix Alcan, 1920, p. 278.

17. Hans Jonas, *Le Principe responsabilité, Une éthique pour la civilisation technologique*, Cerf, 1990. Voir notamment le chapitre 4 : « Le bien, le devoir et l'être : théorie de la responsabilité ».

18. *Ibid.*, p. 257.

19. *Ibid.*, p. 298.

20. *Ibid.*, p. 132.

21. *Ibid.*, p. 300.

22. *In* Hans Jonas, *La Science comme vécu personnel*, cité par Bernard Sève, *in* « Hans Jonas et l'éthique de la responsabilité », *Esprit*, octobre 1990.

23. Sur ce point, on peut notamment se référer à l'article que l'on vient de citer de Bernard Sève, et à celui de Erich Müller, « La responsabilité peut-elle être basée sur un impératif? », in *Hans Jonas, Nature et responsabilité*, ouvrage collectif, Vrin, 1993.

24. Max Weber, *Le Savant et le Politique*, Plon, 1959, p. 195 (les références correspondent à la pagination de l'ouvrage dans la collection « 10/18 »).

25. *Ibid.*, p. 197.

26. *Ibid.*, p. 157.

27. Ces mécanismes sont prévus à l'article 49 de notre Constitution.

28. Laurent Fabius était en l'occurrence président de l'Assemblée nationale.

29. Hans Jonas, *Le Principe responsabilité, op. cit.,* p. 134.

30. Librairie générale de droit et de jurisprudence, 1965.

31. Le Conseil d'État est toutefois revenu depuis sur cette jurisprudence : dans trois arrêts du 26 mai 1995, il affirme en effet dans ses considérants que « les centres de transfusion sont responsables, même en l'absence de faute, des conséquences dommageables de la mauvaise qualité des produits fournis ». Il gère donc pour la première fois l'affaire du sang contaminé sur le terrain de la responsabilité sans faute. Les hésitations de la jurisprudence auxquelles on fait allusion plus bas sont ici révélées.

32. Ce que sous-entend encore récemment François Ewald, notamment à propos de l'hépatite C, dans une interview accordée à l'hebdomadaire *L'Express* du 8-14 décembre 1994, n° 2266, p. 104.

33. Voir notamment le rapport de l'Inspection générale des affaires sociales sur les collectes de sang dans les prisons, rendu public en 1992.

34. Aquilino Morelle, « L'institution médicale en question, retour sur l'affaire du sang contaminé », in *Esprit,* octobre 1993.

35. Voir Paul Ricœur, « Préface à *Condition de l'homme moderne* », in *Lectures 1, Autour du politique,* Seuil, 1991.

36. *Ibid.*

37. Sondage réalisé sur l'aléa thérapeutique par la SOFRES, pour la Fédération française des sociétés d'assurances, le 31 août et le 1er septembre 1994, auprès de 1 002 individus issus d'un échantillon représentatif de la population française âgée de 18 ans et plus.

BIBLIOGRAPHIE

« Assurance, droit, responsabilité », *Risques,* n° 10, avril-juin 1992.

ENGEL Laurence, « Vers une nouvelle approche de la responsabilité, le droit français face à la dérive américaine », *Esprit,* juin 1993.

« Les équivoques de la responsabilité », *Esprit,* nov. 1994.

FAUCONNET Paul, *La responsabilité, Étude sociologique,* Félix Alcan, 1920.

Hans Jonas, Nature et responsabilité, ouvrage collectif, Vrin, 1993.

HIDALGO Rudolph, SALOMON Guillaume, et MORVAN Patrick, *Entreprise et Responsabilité pénale,* « Travaux et recherches », université Panthéon-Assas Paris-II.

JONAS Hans, *Le Principe responsabilité, Une éthique pour la civilisation technologique,* Cerf, 1990.

MORELLE Aquilino, « L'institution médicale en question, retour sur l'affaire du sang contaminé », *Esprit,* octobre 1993.

« La responsabilité », *Archives de philosophie du droit*, t. XXII, 1977.

La Responsabilité à travers les âges, ouvrage collectif, Économica, 1989.

« La responsabilité pénale des personnes morales », Actes de la table ronde organisée par le département de droit de l'université de Paris-I, sous la présidence de Pierre Truche, *Revue des sociétés*, avril-juin 1993.

RICŒUR Paul, *Lectures 1, Autour du politique*, Seuil, 1991.

VINEY Geneviève, « La responsabilité », *Archives de philosophie du droit*, 1990.

Le Déclin de la responsabilité individuelle, Librairie générale de droit et de jurisprudence, 1965.

www.ingramcontent.com/pod-product-compliance
Lightning Source LLC
Chambersburg PA
CBHW061241060726
47596CB00002B/374

*9 7 8 2 0 1 2 3 5 1 5 8 5 *